2.26事件の衝撃

IMPACT OF THE 2.26 INCIDENT

太平洋戦争研究会［編著］

PHP

2・26事件の衝撃

目次

第1部　決起！　尊皇討奸を掲げて

文・構成　平塚柾緒

ドキュメント　二・二六事件　雪の東京を震撼させた四日間

二月二十六日　深夜の非常呼集……10
三宅坂付近に暴動発生！　連れ出された兵士たち／兵たちには理解できなかった決起の訓示／歩兵第三連隊と安藤輝三大尉／安藤大尉に勧誘された二人の新品少尉／泣く泣く部下を営門に送った柳下中尉

二月二十六日　早暁の要人襲撃……34
首相官邸襲撃／射テト命令シテ一発デ殺シタト思ヒマシタ／「岡田首相殺害」で沸き起こった万歳／鈴木貫太郎侍従長襲撃／斎藤実内大臣襲撃／高橋是清蔵相襲撃／渡辺錠太郎教育総監襲撃／牧野伸顕前内大臣襲撃

二月二十六日　占拠された日本の中枢……68
陸相官邸に乗り込んだ上部工作隊／義軍ナリヤ賊軍ナリヤ、陸相に迫る決起将校たち／軍事参議官会議と大臣告示

二月二十七日　戒厳令下の帰順工作……86
革新政府樹立で深夜の石原・橋本会談／決起軍占拠のなか岡田首相が官邸脱出に成功／奉勅命令下達決定で真崎大将、帰順を説く

二月二十八日　奉勅命令下達さる……102
大揺れの「討伐断行」決定／奉勅命令下達で必死の攻防／自殺スルナラバ勝手ニ為スベク……／安藤・坂井部隊、出撃準備完了！／安藤大尉、上官への訣別の辞／戒厳司令部、ついに武力鎮圧決定

二月二十九日　下士官兵ニ告グ……130
戦線離脱兵続出で総崩れの中橋隊／徹夜で生まれた「兵ニ告グ」／軍首脳の自決強要に反発、決起将校は法廷闘争／我々は絶対に帰順も自決もしない！／中隊歌の合唱の中で自決を図った安藤大尉

第2部　〔史論〕二・二六事件とは

いま「二・二六事件」をどうとらえるか
――二・二六事件への視点を問う
高橋正衛……162

国家改造への気運／国体擁護に命を賭ける／「統帥権干犯」と国体論争／決起将校の孤独な決断

北一輝の思想と青年将校　田々宮英太郎……180
——決起の背景にある〝精神〟のつながり
肖像写真に見るその風格／「反乱」の罪により銃殺／革命将校たちが魅せられた思想／衆愚を嫌う孤高の革命家

二・二六事件と新聞報道　前坂俊之……196
——銃剣と戒厳令下の言論人たち
反乱軍と対峙した『朝日』の緒方主筆／軍の報道規制で活字にできず／銃剣の前に沈黙した〝社会の木鐸《ぼくたく》〟／敢然と筆を執った勇気ある言論人

第3部　事件の群像

事件の群像〈特別手記〉

安藤中隊長に鈴木侍従長殺害の意志はなかった　中島粂治……212

決起前日、夜九時の中隊長命令／「殺すな！」と安藤大尉のささやき／とどめを刺さず軍刀を収めた／決起は支持されていると信じた／〝自決〟で負傷した大尉を病院へ／「くじけるな、また機会はある」

初年兵が体験した鈴木貫太郎襲撃　岩崎英作……228

敵は目前にあり！／夫人の懇願でとどめを刺さず／市民の激励直後に反乱軍への転落／安藤大尉の自決に号泣した兵隊／「殿下中隊」の名誉挽回

二・二六事件と小澤中隊長　町田文平……248

中隊長留守中の非常呼集／「栗原、早く兵隊を帰してくれんか」／事件の責を負って待命

事件の群像〔特別インタビュー〕

片倉衷元少将　二・二六事件を語る　構成・太平洋戦争研究会……258

磯部はなぜ私を撃ったか／私はテロには反対だった／同志を誘って国家改造研究会／青年将校の心情は尊敬するが……

第4部　昭和維新の主導者たち

文・構成　太平洋戦争研究会

二・二六事件刑死者と自決者……270
西田　税……270
野中四郎……273
渋川善助……275
村中孝次……286
磯部浅一……288
対馬勝雄……291
河野　寿……294

香田清貞……295
安藤輝三……296
栗原安秀……298
竹嶌継夫……299
中橋基明……300
丹生誠忠……302
坂井　直……303
田中　勝……304
中島莞爾……305
安田　優……307

高橋太郎……308
林　八郎……309
水上源一……311

装丁――赤谷直宣

第1部

決起！　尊皇討奸を掲げて

文・構成　平塚柾緒

〔文中の階級などは事件当時のものです〕

二月二十六日
深夜の非常呼集

三宅坂付近に暴動発生! 連れ出された兵士たち

一九三六年（昭和十一）二月二十六日水曜日、東京は二十四日から降り出した雪がやまず、市内は三十年ぶりという大雪で白一色に覆われていた。その大雪の中、東京・麻布にある第一師団歩兵第一連隊（略称・歩一《ほいち》）と第三連隊（略称・歩三《ほさん》）、それに赤坂の近衛歩兵第三連隊（略称・近歩三《きんぽさん》）では一部の中隊に非常呼集がかけられた。非常呼集は歩三の午前零時を除けば、多くは深夜の午前二時から四時の間にかけられている。

下士官・兵たちは完全軍装（二装軍衣）で雪の降りしきる営庭に整列した。それぞれに実包《じっぽう》（実弾）と一日分の携帯食糧が配られた。兵たちは、そこで初めて〈これはいつもの演習とは違う?〉と疑問を持った。だが、後で考えれば、その前兆は前日にあった。たとえば丹生誠忠《にうよしただ》中尉に率いられ、陸相官邸を占拠する歩一第一一中隊では日夕《にっせき》点呼が終わり、兵たちが就寝の用意をしていると、週番下士官が入ってきて全員に告げた。

東京・赤坂の山王ホテルを占拠して警備に就く反乱部隊の兵士

「そのまま聞けッ、明朝非常呼集があるかも知れぬから、水筒に水を詰めておけ。それから服装は二装軍衣袴下《こか》（「こした」とも）着用だから出しておく、いいな、以上、終わり！」

別の班でも下士官が同じような〝予告〟を発している。やはり就寝前である。

「今夜非常呼集があるかも知れぬ。これは今までのものと違う。呼集がかかったら完全軍装する。寝る前にもう一度靴や脚半《きやはん》の置き場所を確認しておけ。銃もよく手入れしておくように。以上、消灯までにやっておけ」

どうやら一部の下士官たちは事前に知らされていたか、将校たちの動きを見て「昭和維新断行」を察知していたようだ。そして予告は現実となる。第一一中隊では一般兵士にさきがけて主な下士官、上等兵たちが非常呼集をかけられた。

一九八一年（昭和五十六）二月、埼玉県は県史の別冊として『二・二六事件と郷土兵』（以下『郷土兵』と略）という証言集を編纂している。それは事件に関係した約一五〇〇名の将兵のうち、約半数が県出身者で占められていたという事情からだ。近衛師団とともに首都防衛の役割も担っていた第一師団は、管下に歩一、歩三、歩四九（甲府）、歩五七（佐倉）の四連隊を持っていた。これら各連隊の兵員は歩四九が神奈川県と山梨県出身者、歩五七が千葉県出身者、そして東京に連隊本部を置く歩一と歩三は東京都と埼玉県出身者で編成されていた。

このため、のちに戒厳令が施行され、「皇軍相撃は絶対避けるべし」と、武力鎮圧決行に際して議論百出したが、歩一、歩三の将兵にとっては皇軍相撃の前に、隣近所の者同士が反乱軍と鎮

栗原安秀中尉、丹生誠忠中尉ら決起将校に率いられ、450余名の参加者を出した東京・麻布の歩兵第１連隊本部。現在の「東京ミッドタウン」が連隊本部があった場所である

圧軍に分かれて銃火を交えるという悲劇の可能性さえはらんでいたのである。ちなみに近衛師団の各連隊は、全国の知事などから推薦された〝エリート兵〟で編成されていた。当然、ここにも東京や埼玉出身の兵はいたから、歩一、歩三の兵士たちと同じ立場にあった者も多い。

第一一中隊にいた横川元次郎《よこかわもとじろう》さん（当時軍曹）も埼玉出身者の一人で、一般兵士にさきがけて非常呼集をかけられた下士官である。『郷土兵』で横川さんはこう証言している。

「二月二十六日〇三・〇〇前、突然誰かが私を揺り起こした。

『武装してすぐ曹長室に集合！』

大いそぎで軍装を整え曹長室に行くと集まったのは下士官ばかりであった。そして奥の方に将校が四人立っていた。中隊長丹生中尉、それに香田大尉もいたがあとの二人は見たことのな

安藤輝三大尉、野中四郎大尉をはじめとした937名が参加して事件の中心となった歩兵第３連隊本部。第１連隊からは歩いても10分足らずの場所にあり、現在の国立新美術館のある一帯が連隊本部だった

い将校だ。全員集合すると先ず丹生中尉が我々に初対面の二人の将校を紹介した。

『こちらが村中大尉、そちらが磯部一等主計である』

すると二人は我々に『どうぞよろしく』といった。

紹介が済むと丹生中尉は我々に向かって、『只今より蹶起《けっき》趣意書を朗読する』といって難解な文章を読みあげた。熟睡中のところ、突然起こされ、いきなりむずかしい熟語づくめの文章を読まれても、何のことか意味など解る筈がない。それでも終わり頃になって奸賊《かんぞく》を倒して大義を正すことを狙いとする内容であることが解った。

やがて朗読を終わった丹生中尉は次に机上に地図をひろげ命令を下した。

『昭和維新断行のため、師団は今払暁を期してこの線まで進出する。わが中隊はその先遣部隊となって只今からこの線に出動する。皆には絶対心配をかけない、責任は皆中隊長がとるから安心してついてこい』

机から離れた位置にいた私には地図がよく見えないので『この線』という位置がよく解らなかった。

命令が下達《かたつ》されると拳銃実包が八発程度支給された。何がなんだかわからないままに事が運ばれてゆく。だが、どんな計画か知らぬが、どこかへ出動することだけは理解できた」

こうして班長たちは自班に戻り、兵たちに非常呼集をかけるのである。普通、非常呼集の場合はラッパが鳴り響くのだが、この夜は違っていた。班長たちが一人ひとりを揺り起こしていったのである。午前三時二十分頃だった。まず二年兵が起こされ、次いで初年兵の順で起こされていった。兵たちもまた、下士官同様何がなんだかわからないままに起こされたのである。

兵たちには理解できなかった決起の訓示

首相官邸を襲撃、岡田啓介《おかだけいすけ》首相を殺害しようとする歩兵第一連隊機関銃隊の下士官集合は、第一一中隊よりもやや早く午前二時半頃に行われた。集合場所は指揮官の栗原安秀《くりはらやすひで》中尉の部屋だった。部屋には栗原中尉、林八郎《はやしはちろう》少尉、それに第一中隊からただ一人参加する池田俊彦《いけだとしひこ》少尉と豊橋教導学校から駆けつけた対馬勝雄《つしまかつお》中尉の四人がいた。林少尉は身長が低いためか軍刀を背負っていた。

内野嘉重《うちのよししげ》さんはそのとき上等兵だった。

「呼ばれた者が全員集合すると林少尉はやおら命令をくだした。『銃隊は只今よりかねてからの行動を起こす。お前たちには責任はないから安心せよ。ただしこの命令に背く者は射殺する』そういってから林少尉は更に銃隊の襲撃目標が岡田総理であることと、各分隊の襲撃時の部署及び任務が下達され出動態勢を固めた」（『郷土兵』）

こうして歩一の第一一中隊に続き、機関銃隊にも三時三十分頃非常呼集がかけられ、兵たちは舎前に集合、指揮者の訓示を受ける。第一一中隊では丹生中尉がし、機関銃隊では栗原中尉がした。訓示の内容は下士官たちに対するものとは違い、いずれも簡単なものだったが、兵たちの記憶には若干の違いがある。

ある二等兵は丹生中尉は「命令、目下三宅坂付近に暴動が発生しつつある。よって中隊は鎮圧に当たるため、ただいまより出動する」と言ったといい、別の二等兵だった人は「第一一中隊はただいまより首相官邸付近の警戒に当たるため出動する」と訓示したという。

機関銃隊を率いる栗原中尉は、白布で巻いた軍刀を落とし差しにして現れた。

森田耕太郎《もりたこうたろう》さん（当時二等兵）の手記。

「栗原中尉が見知らぬ将校をつれてきて中央に並べ全員に紹介した。そして、『ここにおる方々は上官である。よって教官と思って命に従い行動せよ』といいわたした。紹介されたのは村中大尉、磯部一等主計、渋川善助他二名で全員軍服を着用し、その上将校マントを着ていた。栗原

毎年１月が新兵の入隊日で、将校は完全軍装の整え方から指導する。写真は事件前年の昭和10年１月に入隊した歩兵第３連隊の新兵たち

中尉は紹介を済ませると一呼吸した後、『気ヲツケーッ』と号令をかけ出発を命令した」（『郷土兵』）

この出発命令の前に、栗原中尉は「これから昭和維新を断行するため出動する」といった内容の訓示もしている。村中元大尉ら他の「上官」の誰かも挨拶したという。

しかし、指揮官の訓示の意味を即襲撃決行と理解した兵はほとんどいなかった。兵士の大半は一月十日に入営したばかりの初年兵で軍隊経験も浅く、加えて難解な言葉の羅列、その意を汲み取ることはできなかったに違いない。

歩兵第三連隊と安藤輝三大尉

歩兵第一連隊からの参加部隊は第一一中隊と機関銃隊を中心とした四五〇余名だが、歩兵第三連隊からは歩一の倍の九三七名が参加してい

反乱部隊の実質的な指揮官といってもいい安藤輝三大尉

る。指揮する将校も第一連隊が中尉であるのに対し、安藤輝三《あんどうてるぞう》大尉、野《の》中《なか》四郎《しろう》大尉という現役の中隊長が二人も参加している。それも安藤大尉は夜の連隊長といわれる週番司令の立場にいた。関係中隊も多く、第一、第二、第三、第六、第七、第一〇、機関銃隊と、文字通り決起部隊の主力を形成していた。当時の歩兵第三連隊の総兵員数は二〇〇〇名弱（他の連隊もほぼ同数）であったから、連隊の半数が「決起部隊」ということになる。それだけに決起前夜からの動きはあわただしかった。

すでに二十五日の夜から参加中隊の将校たちは、安藤大尉の命令に従って行動の中心になる下士官たちをそれぞれ集め、決行を暗に伝えている。まず斎藤内大臣襲撃隊の第一・第二中隊から見てみよう。

指揮官は坂井《さかい》直《なおし》中尉。午後九時頃、坂井中尉は将校集会所に新正雄《あたらしまさお》軍曹、林武《はやしたけし》伍長、木部《きべ》正義《まさよし》伍長たちを呼集して明朝の部隊出動を伝え、続いて十一時過ぎに第二中隊の北島弘《きたじまひろし》伍長、渡辺《わたなべ》清作《せいさく》曹長、青木《あおき》銀次郎《ぎんじろう》軍曹、長瀬《ながせ》一《はじめ》伍長等を集めて同様の部隊出動を伝えた。しかし、ここでは具体的な襲撃目標などは話されなかった。このとき将校室には第一中隊の高橋《たかはし》太郎《たろう》少尉、麦屋《むぎや》清済《きよすみ》少尉、砲工学校から駆けつけた安田《やすだ》優《ゆたか》少尉も同席している。ここに集められた下士官たちは、日頃から坂井中尉たちの「特権階級ニ腐敗アリトスル事情、相沢中佐（永田軍務局長殺害事件で公判中）ノ精神等ニ関スル訓話ヲ受ケ」「ソノ思想ニ共鳴シ」（判決文）、消極的ながらも自らの意思で参加に同意した〝同志〟とされている。

しかし、実際は多少ニュアンスが違う。木部伍長は『郷土兵』の中の手記に書いている。木部伍長はこの年の一月に中隊の内務班長から連隊本部の暗号班に迎えられ、第一中隊では「点呼をとる程度」になっていた。

安藤大尉とともに歩3の現役中隊長だった野中四郎大尉

「さて二月二十五日夜、つまり事件前夜のこと、私はいつものとおり日夕点呼をとるため中隊に帰り、終了後、連隊本部に戻ろうと廊下に出て将校室の前まできたとき、フト坂井中尉に呼び止められ下士官集合の旨を告げられた」

木部伍長は将校室に行く。

「すぐ入り口の扉が閉められた。坂井中尉は下士官全員に安田少尉を紹介すると、徐《おもむろ》に『蹶起趣意書』なるものを読み上げた。難解な文章であったが大要だけは判った。さてはこれから何かやるのだなとそんな予感がひらめいた。

坂井中尉は読みおわると一同を見渡し、『以上蹶起趣意書にもとづき、中隊は明朝を期して赤坂方面に発生しつつある暴動鎮圧のため出動する、これには歩三は勿論在京部隊が全部蹶起することとなっている』

といって今度は机の上に地図を拡げ目標としての斎藤内府私邸付近の地形を説明の上、編成と任務を下達した。このとき私に付与された任務は分隊長となり二年兵を主体とした兵八名を指揮し、同邸付近の省線ガード手前で警戒に任ずることであった」

席上、下士官たちから「中隊長が不在なのはどうしてか?」という質問が出された。ここで坂井中尉は「隊長も承知していることだ」と、再びウソをいう。このため下士官たちは「中隊長は後刻姿を見せるものと思った」のである。

「蹶起趣意書」を読み上げながら、「赤坂方面に発生しつつある暴動鎮圧のため出動する」という坂井中尉の命令は、何ともチグハグである。これに比べ後出の第六中隊、安藤輝三大尉の命令とは対照的だ。それはさておき、それぞれの部屋に戻った下士官たちは、やがて非常呼集が発令され、兵たちとともにあわただしく軍装を整える。第三連隊ではここで実包が渡された。第一中隊では二年兵が一二〇発、初年兵には六〇発が支給された。午前一時頃である。

坂井中尉（第一中隊）の指揮に入る第二中隊からは下士官六名、二年兵一二名の合計一八名が

坂井直中尉らが下士官を呼集して早暁の部隊出動を伝えた歩３の将校集会所

参加している。第二中隊の将校には、いわゆる〝革新将校〟がいなかったためで、リーダーは安藤大尉に傾倒していた長瀬一伍長と渡辺清作曹長だった。参加者は他の中隊と違い指名であった。下士官の指名は渡辺曹長がし、兵の選抜はそれぞれの下士官が行った。

はからずも選抜されてしまった内笹井香一等兵は、「この時の顔ぶれはいずれも射撃・銃剣術成績の優秀な者ばかりで、いわば名手だけをよりすぐったようであった。事実私は軽機にかけてはズバ抜けた腕の持ち主で射撃章を受賞していた」（『郷土兵』）と記している。

こうして第一中隊と第二中隊は三時二十分集合、四時三十分に他の中隊とともに出発し、斎《さい》藤《とう》実《まこと》内大臣、続いて渡辺《わたなべ》錠《じょう》太郎《たろう》教育総監を襲撃するのだが、指揮官の坂井中尉は、出発に際しての訓示でも具体的な目的は言わなかった。

蹶起趣意書

謹んで惟《おもんみ》るに我神洲たる所以は、万世一神たる天皇陛下御統帥の下に挙国一体生成化育を遂げ、遂に八紘《はっこう》一宇《いちう》を完《まっと》ふするの国体に存す。この国体の尊厳秀絶は天祖 肇国《ちょうこく》神武建国より明治維新を経《へ》て益々体制を整へ、今や方《まさ》に万方に向って開顕進展を遂《と》ぐべきの秋《とき》なり。

然《しか》るに頃来遂に不逞《ふてい》兇悪の徒簇《やからぞく》出《しゅつ》して私心我慾を恣《ほしいまま》にし、至尊絶対の尊厳を藐視《びょうし》し僭上《せんじょう》これ働き、万民の生成化育を阻碍《そがい》して塗炭《とたん》の痛苦に呻吟《しんぎん》せしめ、随《したが》って外《がい》侮《ぶ》外《がい》患《かん》日を逐《お》ふて激化す。

所謂《いわゆる》元老重臣軍閥官僚政党等は此の国体破壊の元兇なり。倫敦《ロンドン》海軍条約並に教育総監更迭に於ける統帥権干犯、至尊兵馬大権の僭窃《せんせつ》を図りたる三月事件或は学匪共匪大逆教団等利害相結んで陰謀至らざるなき等は最も著しき事例にして、其の滔天《とうてん》の罪悪は流血憤怒真に譬へ難き所なり。中岡、佐郷屋、血盟団の先駆捨身、五・一五事件の噴騰、相沢中佐の閃発《せんぱつ》となる。寔に故なきに非ず。

而《しか》も幾度か頸血《けいけつ》を濺《そそぎ》来って今尚些《いささか》も懺悔反省なく、然《しか》も依然として私権自慾に居って苟且偸安《こうしょとうあん》を事とせり。露支英米との間一触即発して祖宗遺垂《いすい》の此の神洲を一擲《いってき》破滅に堕らしむるは火を睹《み》るよりも明かなり。

内外真に重大危急、今にして国体破壊の不義不臣を誅戮《ちゅうりく》して稜威《みいつ》を遮り御維新を阻止し来れる奸賊を芟《せん》除《じょ》するに非ずんば皇謨を一空せん。恰《あたか》も第一師団出動の大命渙発《かんぱつ》せられ、年来御維新翼賛を誓ひ殉国捨身の奉公を期し来れりし帝都衛戍《えいじゅ》の我等同志は、将《まさ》に万里征途に上らんとして而も顧みて内の世状に憂心転々禁ずる能《あた》はず。君側の奸臣軍賊を斬除して、彼の中枢を粉砕するは我等の任として能く為すべし。臣子たり股《こ》肱《こう》たるの絶対道を今にして尽さざれば、破滅沈淪《ちんりん》を翻《ひるが》へすに由なし。

茲に同憂同志機を一にして蹶起《けっき》し、奸賊を誅滅して大義を正し、国体の擁護開顕《かいけん》に肝脳《かんのう》を竭《つく》し、以て神洲赤子の微衷《びちゅう》を献ぜんとす。皇祖皇宗の神霊冀《ねがわ》くば照覧冥助《しょうらんめいじょ》を垂れ給はんことを。

昭和十一年二月二十六日

陸軍歩兵大尉　野中四郎

外　同志一同

初年兵と質疑応答をする歩３の新兵教育風景。立っているのは２年兵か。歩３からは入隊間もない初年兵が事件に634名も参加した

兵士たちの記憶ではおおよそ次の二通りに分かれる。

①「只今より中隊の指揮を坂井が執《と》る。中隊は三宅坂方面の暴動鎮圧のため只今から出動する。合言葉は尊皇＝討奸、では建制順序に出発！」

②「只今より中隊の指揮を坂井が執る。命によりこれから昭和維新を断行する、よって国賊に対して天誅《てんちゅう》を加える。合言葉は尊皇＝討奸」

安藤大尉に勧誘された二人の新品少尉

鈴木貫太郎《すずきかんたろう》侍従長襲撃を担当する第六中隊の指揮官は、中隊長の安藤輝三大尉。決起部隊の実質的な総司令官の立場にあった安藤輝三大尉が、磯部浅一《いそべあさいち》元一等主計や栗原中尉たちからのアプローチに対して、参加表明をしたのは二月

二十一日夜といわれる。その間、安藤は悩みに悩み、ついに参加を決意している。当初、安藤大尉は革新派将校の会合でも決起は時期尚早という立場をとっていたという。その安藤がなぜ決起に踏み切ったかは、他の節で執筆されているので省略するが、歩三から一〇〇〇名近い将兵を出動させた原動力＝責任は、間違いなく人望厚かった安藤大尉にあったといってもいい。

安藤大尉が中隊長室に下士官集合を命じたのは二十五日の午後八時三十分頃だった。永田曹長、堂込曹長、渡辺軍曹、中村軍曹、奥山軍曹、門脇軍曹、小河軍曹、大木伍長、山田伍長、相沢伍長、山岸伍長の一一名が集まった。第六中隊下士官の大半といってもよかった。

安藤隊の分隊長として鈴木貫太郎侍従長の官邸寝室に踏み込んだ奥山《おくやま》（現姓・中島）粂治《くめじ》軍曹によれば、ここで安藤大尉は下士官たちに具体的な目的と詳細な分担＝作戦を命じている。明二十六日午前五時を期して皇国の将来のために昭和維新を断行する。ついては要路の顕官、重臣を襲撃する。わが第六中隊は侍従長鈴木貫太郎閣下の襲撃を担当する、と。さらに安藤大尉は午前一時に「靖国神社参拝ということにして兵の非常呼集を行い」、中隊の編成を指揮班と第一小隊、第二小隊、予備隊の三隊編成にすることや、襲撃にあたってのこまごまとした作戦まで指示していた。

反対や質問をする下士官は一人もいなかった。他中隊を指揮する隊付将校の中尉や中隊長代理と違い、直属の中隊長の強みがいかんなく発揮されている。軍隊の戦闘単位は中隊であり、兵を直接統括しているのは中隊長である。連隊長や大隊長と違い、中隊長は日常の生活も兵とともに

第1師団編合表（事件当時の師団編制）

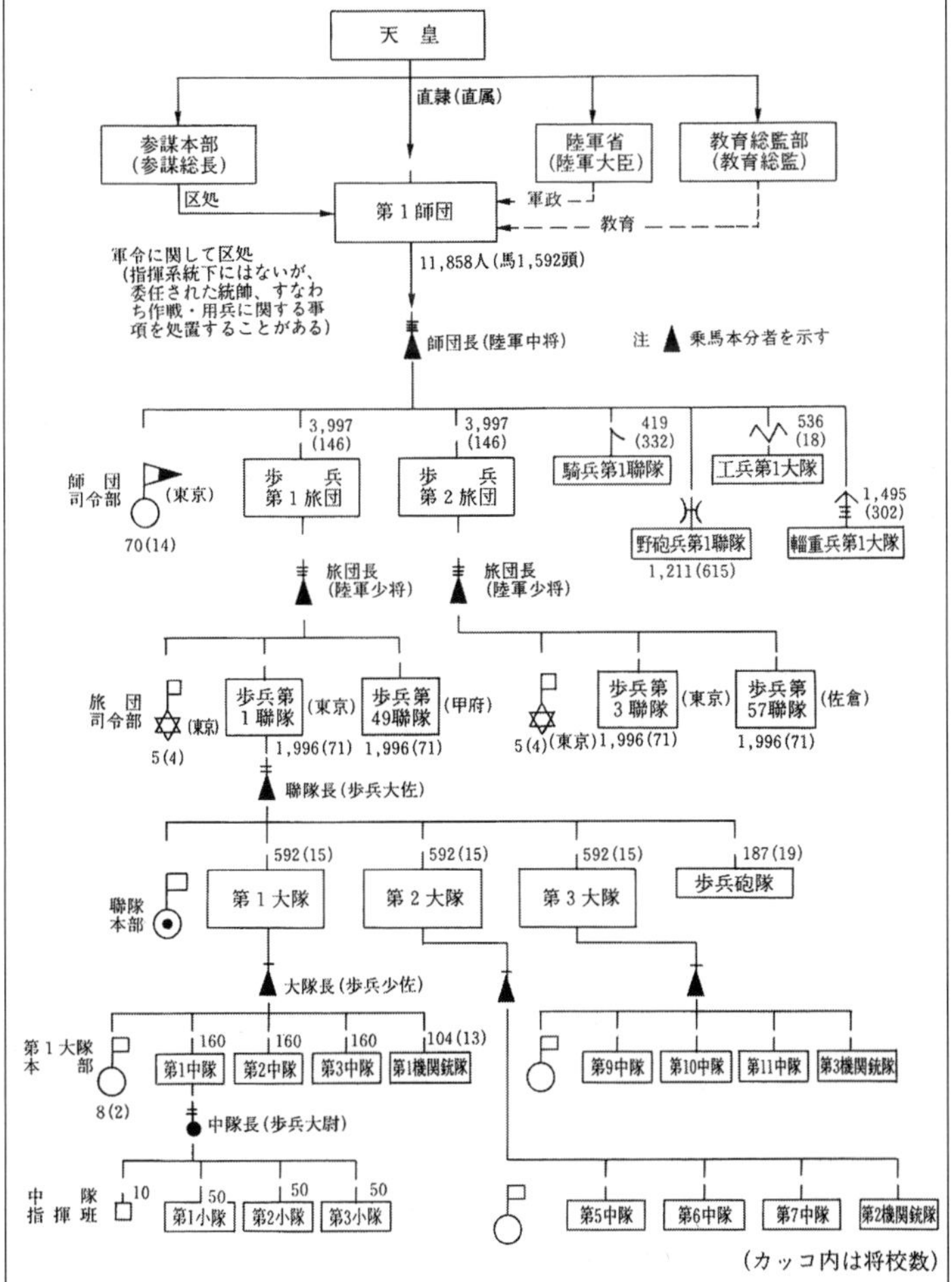

（カッコ内は将校数）

している。加えて安藤大尉には人望があった。その中隊長の命令、いや協力要請に抗しきれる下士官や兵はいなかったに違いない。こうして安藤隊は予定通り午前零時に出動命令を下し、非常呼集を行い、きわめて整然と出動準備を済ませている。これは歩三の他の中隊でもほぼ同じであった。

安藤大尉とともに第三連隊の現役中隊長である野中四郎大尉はどうだったか。野中大尉は決起部隊の中では最大の兵力をもって警視庁を占拠する役目を担っている。配下には自らの第七中隊をはじめ、第三中隊、第一〇中隊をも統括する重要な立場にあった。

野中四郎は冷静・寡黙、謹厳実直な男だった。決起に対しては坂井中尉とともに安藤よりも急進的だったが、決起部隊の指揮では、どちらかというと安藤大尉の陰にいた。それだけに安藤大尉の信頼も厚く、襲撃対象の中では最も危険度の高い警視庁占拠の指揮を任されたともいえる。安藤大尉が任官間もない清原康平《きよはらこうへい》少尉率いる第三中隊の下士官兵一五一名、同じく鈴木金次郎《すずききんじろう》少尉率いる第一〇中隊の下士官兵一四一名を野中大尉のもとに付けたのも、軍人としての実績もさることながら、修羅場でも冷静さを失わない野中の性格を知っていたからに違いない。

この清原、鈴木という二人の新品少尉を決起に勧誘したのも安藤大尉である。二人が安藤大尉から決起決行を言い渡されたのは二十二日といわれている。二人は他の将校のように必ずしも「昭和維新断行」に信念を持っていたわけではない。

「其ノ時私ハ本当ニ決行スルヤ疑問ニ思ッテ居リマシタ。其ノ時私ハ決行スル丈ノ信念ハ持ッテ

赤塚（旧姓・鈴木）金次郎さん。事件の時は「新品少尉」だった

安藤大尉に見込まれた清原康平少尉

居リマセンデシタガ、命令ナラバ致方ナイト思ヒマシタ。安藤大尉ハ『何大シタ事ハナイ、鼻歌ヲ唱ヒナガラ出来ルコトナノダ。万ケ一間違ッタラ、俺ガ全責任ヲ負フ』ト言ハレマシタノデ、私ハ演習ヤル位ヒノ気持チデ居リマシタ」（鈴木調書）

　そして決行前夜、清原、鈴木両少尉は午後八時頃、安藤大尉に呼ばれて決行を指令され、同時に野中大尉の指揮下に入ることを命ぜられた。二人は十時頃野中大尉のもとに各班長（下士官）を連れて行き、細かい作戦を伝達されたのである。

　ところで、第一〇中隊には革新派将校の会合にも参加していた中隊長代理の新《あら》井《い》勲《いさお》中尉（『日本を震撼させた四日間』の著者）がいるが、新井中尉が決行時期尚早論だったため、安藤大尉は新井中尉を外し、部下の鈴木少尉を勧誘、

密かに兵を連れ出させたのである。

泣く泣く部下を営門に送った柳下中尉

歩三からはもう一中隊、機関銃隊が参加している。隊長は内堀次郎《うちぼりじろう》大尉で十二月二日付で第五中隊長から移ってきたばかりだったが、豊橋教導学校に出張中だった。もともと革新派とは無関係で、むしろ革新グループには警戒的だった。その隊長が不在のときに、週番士官の柳下良二《やなしたりようじ》中尉は安藤大尉に呼ばれる。二十六日の午前零時頃である。

安藤大尉は通信紙に書かれた命令書を広げ、読み上げた。以下は奥田鑛一郎著『二・二六の礎　安藤輝三』からの引用である。

「一、かねて相沢事件の公判に際し、真崎大将の出廷による証言を契機として、事態は被告に有利に進展することが明らかになれり。

二、しかるに、この成り行きに反発する一部左翼分子が蠢動《しゅんどう》し、帝都内で治安攪乱行動に出るとの情報に接す。

三、よって連隊は平時の警備計画に基き、主力を以て警備地域内に出動し、警備に任ぜんとす。

四、出動部隊は、第一、第二、第三、第六、第七、第一〇の各中隊とし、機関銃隊は一六個分隊を差し出し、各隊に配属せしむべし。編成、配属先、その他具体的事項に関しては別命する。

昭和11年1月10日の歩兵第3連隊の入営風景。事件はこの47日後に起き、これら新兵634名も参加させられた

五、本官出動後、柳下中尉は週番司令の代理として、営内残留部隊の指揮に任ずべし。以上」

安藤大尉は、責任の所在を明確にするためと言って、自分が署名した命令書を渡した。このとき、柳下中尉は安藤大尉が昭和維新の断行に踏み切ったことを知った。柳下中尉は一瞬迷う。隊長の許可もなしに銃隊を動かしていいものか……。しかし、週番司令の命令は連隊長の命令であり、それは陛下の命令にも通ずる。

「柳下は不動の姿勢をとって、『柳下中尉は、本命令に基づいてただちに行動に移ります……』と報告した。そのあと、安藤は表情をやわらげて、『柳下、この際よろしく頼むぞ……』意味深長なひとことを、耳もとでささやいた」（前掲書）

銃隊の週番士官室に戻った柳下中尉は、悩

決起した将校たちがたびたび会合を重ねた歩１前の「龍土軒」跡

む。そして、ひょっとしたら内堀隊長が帰宅しているかもしれないと思い、隊長の当番兵を自宅に走らす。だが、隊長は帰っていなかった。

「柳下は遂に胆《はら》を決めざるを得なかった。命令を受けてからもう一時間以上も経《た》っているのに、なんら実行に移っていないのだ。これでは安藤への信義に背《そむ》くことになる。

全責任は自分がとればよいと、心を定めるや否や、即刻下士官集合を命じた。柳下はもはや躊躇《ちゅうちょ》することなく、連隊命令を示したのち、機関銃隊命令を下達した。（略）

機関銃隊の先任下士官は、立石《たていし》利《り》三郎《さぶろう》曹長である。彼自身はもち論、銃隊下士官の大半がすでに非常呼集を予想していたように、柳下中尉の命令を何の抵抗もなく受けとめ、きわめて機敏に行動を開始した。

柳下は下士官に命令下達後、続いて銃隊全員

決起部隊参加人員内訳

区分			将校	准士官	見習医官	下士官	二年兵	初年兵	計	摘要
第一師団	歩兵第1旅団師令部		1						1	
	歩兵第一連隊	第1中隊	1						1	
		第6中隊				1			1	二年兵に49iの兵1名あり
		第11中隊	1		1	11	36	115	164	
		機関銃隊	2		2	8	37	239	288	
		歩兵砲隊				1	1		2	
		計	4		3	21	74	354	456	
	歩兵第三連隊	第1中隊	3			8	34	109	154	
		第2中隊				6	12		18	
		第3中隊	1			10	31	110	152	
		第6中隊	1			11	46	101	159	
		第7中隊	2	1		11	37	105	156	
		第10中隊	1			9	38	94	142	
		機関銃隊				9	32	115	156	
		計	8	1		64	230	634	937	
	野戦重砲第七連隊第4中隊		1			1	11		13	
	師団合計		14	1	3	86	315	988	1,407	
近衛師団	師団司令部					1			1	他に守衛隊として出動した者75
	近衛歩兵第三連隊第7中隊		1	1		2	18	39	61	
	鉄道第二連隊(砲工学校)		1						1	
	師団合計		2	1		3	18	39	63	
野砲兵第七連隊(砲工学校)			1						1	
飛行第十二連隊(所沢飛行学校)			1						1	
豊橋教導学校			2						2	
合計			20	2	3	89	333	1,027	1,474	75
民間人の参加者									9	
参加人員合計			1,558名							

昭和11年当時関係地図

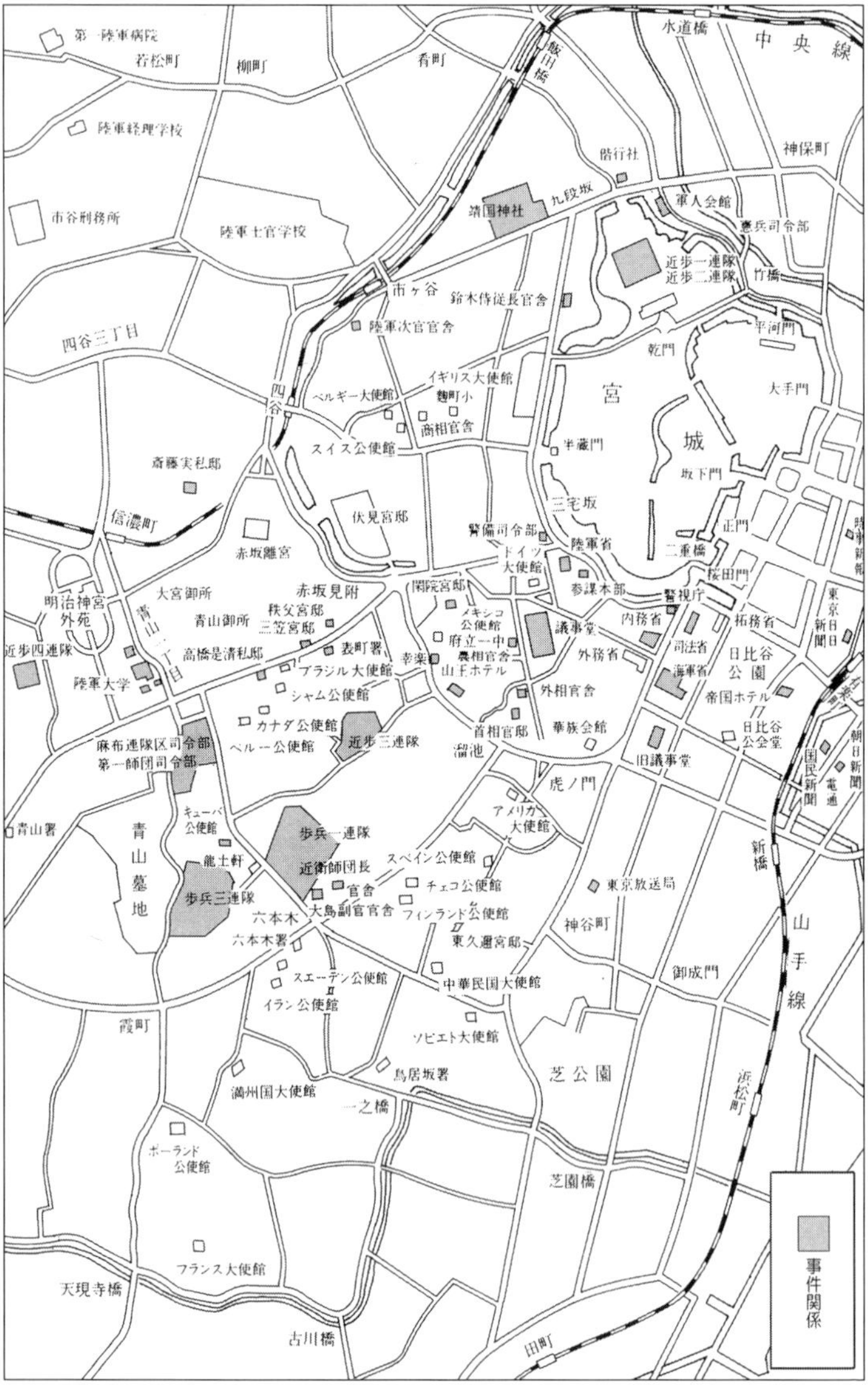

に非常呼集をかけた。そして、午前二時までには、安藤司令の命令通り編成を終って、各チームを所命の中隊に差し向けた」（前掲書）

この後、柳下中尉は〈こうなったら自分だけが残るわけにはいかない〉と、銃隊とともに出動しようとしたが、安藤大尉に見つかり、週番司令代理として残ってくれと再度命じられ、一五六名の銃隊員を泣く泣く営門に送るのである。

二月二十六日 早暁の要人襲撃

決起部隊の襲撃開始は、事前の打ち合わせでいずれも「午前五時」と決められていた。第一次の襲撃目標は八カ所で、担当部隊はそれぞれの目標到着予定時間に合わせて営門を出発している。目標までの距離、時間、ルートは事前に十分調べてあったから、指揮する将校たちは目標到着時間に合わせて兵の非常呼集を行い、集合を命じている。

襲撃目標と担当部隊を簡単に記せば次のようである。

●首相官邸襲撃＝栗原隊（歩一）
●鈴木侍従長襲撃＝安藤隊（歩三）
●斎藤内大臣襲撃＝坂井隊（歩三）
●渡辺教育総監襲撃＝坂井隊（歩三）
●高橋蔵相襲撃＝中橋隊（近歩三）

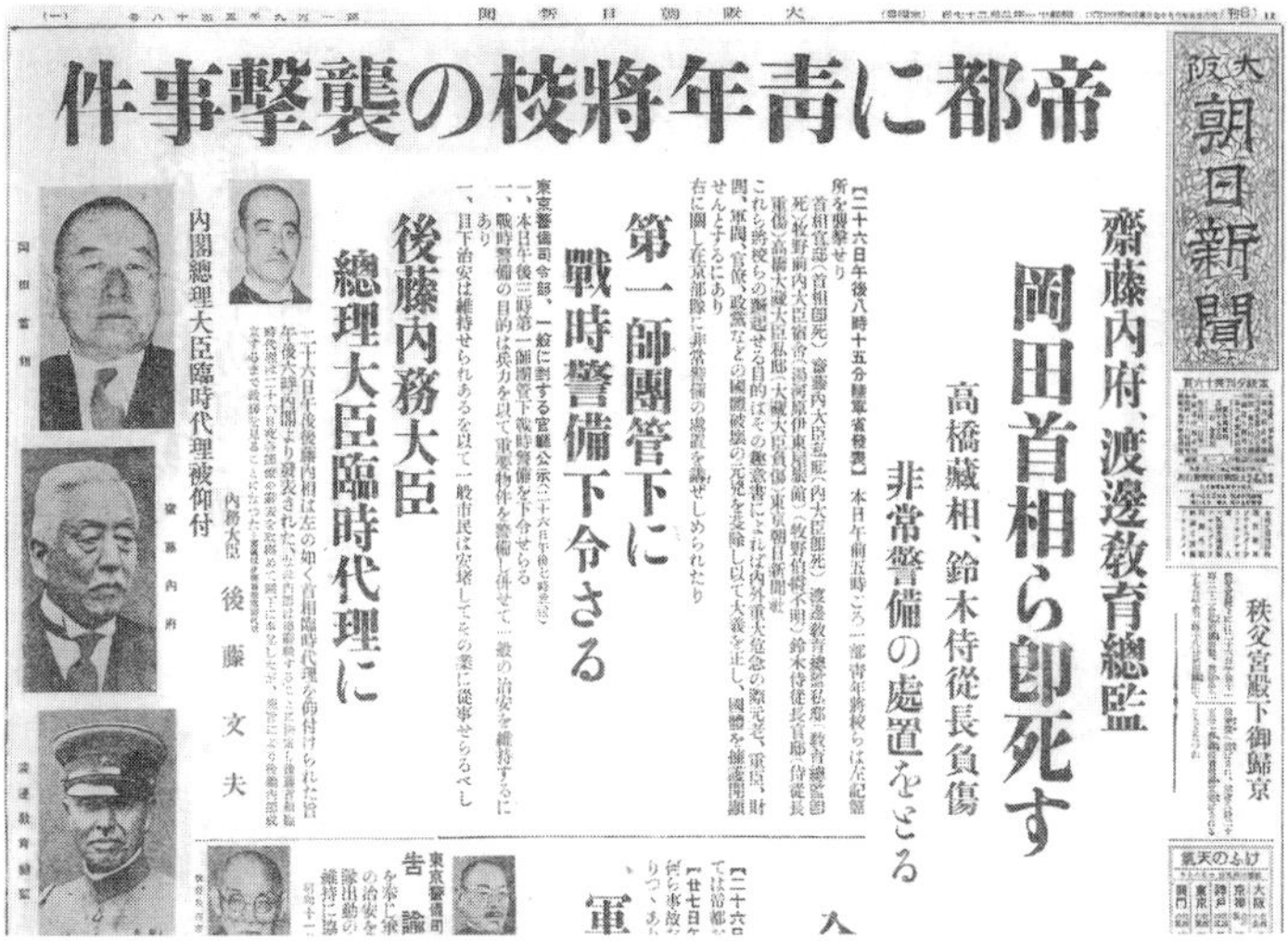

大阪朝日新聞

帝都に青年將校の襲擊事件

齋藤内府、渡邊教育總監
岡田首相ら即死す
高橋藏相、鈴木侍從長負傷
非常警備の處置をとる

【二十六日午後八時十五分陸軍省發表】本日午前五時ごろ一部青年將校らは左記個所を襲擊せり
首相官邸（首相即死）齋藤内大臣私邸（内大臣即死）渡邊教育總監私邸（教育總監即死）牧野前内大臣宿舍（湯河原伊東屋旅館）（牧野伯爵不明）鈴木侍從長官邸（侍從長重傷）高橋大藏大臣私邸（大藏大臣負傷）東京朝日新聞社
これら將校らの蹶起せる目的はその趣意書によれば内外重大危急の際元老、重臣、財閥、軍閥、官僚、政黨などの國體破壞の元兇を芟除し以て大義を正し、國體を擁護開顯せんとするにあり
右に關し在京部隊に非常警備の處置を講ぜしめられたり

第一師團管下に
戰時警備下令さる

東京警備司令部、一般に對する官報公示（二十六日午後七時發表）
一、本日午後三時第一師團管下戰時警備を下令せらる
一、戰時警備の目的は兵力を以て重要物件を警備し併せて一般の治安を維持するにあり
一、目下治安は維持せられあるを以て一般市民は安堵してその業に從事せらるべし

後藤内務大臣
總理大臣臨時代理に

二十六日午後後藤内相は左の如く首相臨時代理を仰付けられた旨午後六時内閣より發表された

内閣總理大臣臨時代理被仰付
內務大臣 後藤文夫

岡田首相

齋藤內府

渡邊教育總監

秩父宮殿下御歸京

事件の第１報を伝える２月27日付の朝日新聞。まだ岡田首相の生存が確認されておらず、「即死」と書いている

●牧野前内大臣襲撃＝河野隊（河野大尉他民間人）
●警視庁占拠＝野中隊（歩三）
●陸相官邸占拠＝丹生隊（歩一）

首相官邸襲撃

首相官邸を襲い、岡田啓介首相（海軍大将）を殺害する栗原隊＝歩兵第一連隊機関銃隊が麻布（東京・港区）の歩一表門を出発したのは午前四時三十分頃だった。

続いて陸相官邸を占拠する丹生隊＝歩兵第一連隊第一一中隊が営門を出た。栗原、丹生の両隊は営舎を迂回する格好で裏門に回る。そこで歩兵第三連隊の野中隊（第三、第七、第一〇中隊）と合流するためである。

野中隊が歩三の営門を出たのは午前四時二十五分。歩一と歩三は歩いても五、六分の距離だから、計画通りの出発だった。歩三の裏門前で合流した。三隊は、栗原隊→丹生隊→野中隊の順で縦列行進で進み、麻布三河台を抜けて赤坂の氷川神社前、そして溜池の市電通りへと出た。ここで警視庁に向かう野中隊は別れ、首相官邸と陸相官邸を襲う栗原・丹生の両隊は特許局（現在の特許庁）脇の細い坂道を上って首相官邸前へと向かった。雪は止んでいたが、凍《い》てついた坂道を重装備で上るのは一苦労だった。

射テト命令シテ一発デ殺シタト思ヒマシタ

栗原隊二九一名が首相官邸に着いたのは五時少し前だった。そして襲撃開始の五時までには官邸を完全包囲し、軽機関銃の銃口は官邸に向けて集中された。襲撃はただちに開始された。事件解決後の憲兵隊の「栗原調書」（原文は片仮名交じり）にはこうある。

首相の岡田啓介海軍大将

「先ず私が命じて首相官邸の通用門よりは銃隊の粟田伍長の率ゆる約二〇名、裏門よりは林少尉の率ゆる一小隊約六〇名、部隊の主力は私が指揮して表門より這入りましたが、表玄関は戸締厳重な為這入れないので、林少尉の這入った裏門の方に回って裏玄関日本間の窓を破壊して

憲兵と警備兵に守られた事件直後の首相官邸

這入りました」

　このとき森田耕太郎二等兵は林少尉の指揮下にいた。森田さんは『二・二六事件と郷土兵』の手記にこう書いている。

「先《ま》ず挺進隊が塀を乗越えて内部に入り内側から裏門を開ける計画だったがハシゴがこないので人間梯子《にんげんばしご》を作って送りこんだ。錠を叩きこわして門が開かれると一斉に侵入した。目標は日本間玄関である。早駆けで玄関に達したがここも扉が頑丈でどうにもならぬ。そこで右側の高窓（地上より一・五米ぐらい）から入ることにした。しかしこのはめこみガラスがまたビクともせず床尾鈑《しょうびはん》で叩いたくらいでは全然受付けず、そこで携帯してきたハンマーで叩きこわしようやく進入口を開けた。早速私たち初年兵が踏台になって襲撃班を次々に送りこんだ。真先に入ったのが倉友で、以下栗原中尉、三沢軍曹の順だと記憶している。私たちは中に入ると急ぎ弾込《たまご》めをした」

この日、官邸には四〇人近くの護衛警官が泊まり込んでいたが、巡査詰所の寝込みを襲われ、武装解除されて大半が軟禁されてしまった。襲撃隊に応戦したのは、官邸内にあって岡田首相の身辺警護に当たっていた村上嘉茂左衛門《むらかみかもざえもん》巡査部長等ほんの数人だけだった。官邸には警視庁の特別警備隊「新選組」に通じる非常ベルがあったが、トラックで駆けつけようとした新選組は、途中で襲撃隊の警備線に遮られ、全員武装解除されていた。しかし、官邸の警官たちはそれを知らない。まもなく新選組が来るだろうと、決起部隊の襲撃と同時に猛烈に応戦を開始した。

森田二等兵が最初に警官の発射する拳銃音を耳にしたのは高窓から侵入するときだった。手記を続けよう。

「屋内は真暗だった。手さぐりで進むのだが予備知識がないのでさっぱり見当がつかない。場所によっては警官が待伏せしているかも知れぬ。私は神経をビリビリさせながら一歩一歩進んでいった。すると間もなく拳銃が鳴り、同時に三沢軍曹と思われるウメキ声が聞えた。『天皇陛下万歳』その声に私は軍曹がやられたことを直感した。やはり警官がひそんでいるのだ。電燈はすっかり消され、まだ夜明けにはならず懐中電燈でもなければどうにもならない。私は黒川勝三郎《くろかわかつさぶろう》、中山正夫《なかやままさお》の三人で組を作り慎重に前進し、ようやくにして和室に突入したが、総理の姿はなかった。そこでまた次の部屋に向ったが時折フスマの陰などから拳銃が発射されるので油断は禁物だ」

村上嘉茂左衛門巡査部長

土井清松巡査

篠《しの》田《だ》喬栄《きょうえい》上等兵は剣道の有段者だったことなどから、初年兵時代から栗原中尉や林少尉と親密な関係を作っていた。首相官邸突入も栗原中尉と一緒で、岡田首相の姿を求めて各部屋を探し回っていた。そして警官に撃たれてしまう。

「私がかなり奥まで進んだとき、フト白い人影らしいものが廊下を小走りで奥に向ってゆくのを目撃した。暗闇なので定かではないが人間に間違いない。私は栗原中尉にその旨を告げ一人で追跡しはじめた。廊下がまたカギの手になって右折している。私は慎重に警戒しながら白い影を追って一歩一歩進んで行った。やがて左側にある洗面所を通りこすと突如前方から警報ベルが耳を押しつぶすような大きな音で鳴りだした。そこで音を目標に進んでゆくと右側に電燈のついている部屋が目にとまった。ココダ！　私は勇気を出して中に入ると、そこに若い女が寝床の上に立っていた。娘

清水与四郎巡査

小館喜代松巡査

か女中か判らないがそこが女中の部屋と判断した私は『女には用はない』といって引きかえした。その時、三米程の距離の暗闇から突然拳銃が火を噴き、銃弾が私の腹部に食込んだ。私は『アッ！』と声をあげその場に倒れた。傷口から血が流れ出すのか抑えた手がヌルヌルしてきた。付近にひそんでいた警官にやられたのである。私は夢中になって洗面所に這いこんだが忽ち意識を失ってしまった」（『郷土兵』）

暗闇の官邸内は市街戦さながらだった。土《ど》井《い》清《きよ》松《まつ》巡査に羽がい締めにされた林少尉を助けようと、当番兵が背後から同巡査の背中に斧を振り下ろし、大広間のシャンデリアは重機関銃の斉射でほとんどが落下してしまった。

やがて日本間の中庭に逃れる老人が発見された。発見した二等兵は林少尉に連絡した。林は二等兵に射殺を命じ、兵は引き金を引く。

岡田首相（左）と間違われて殺された義弟の松尾伝蔵予備役大佐

「一発デ殺シタト思ヒマシタガ、後デ調ベテ見ルト顔ト腹ニ各一発宛中《あた》ッテ居リマシタ。尚、室内ヲ捜シテ居ル内、暫時経テ栗原中尉ガ首相ガ居ッタト言フノデ行ッテ見ルト、曩《さき》ニ自分ガ命ジテ撃タセタノガソレデシタ」（林調書）

「岡田首相殺害」で沸き起こった万歳

だが、岡田首相と見られる中庭の老人は、まだ死んではいなかった。実際の老人は、岡田首相の義弟で首相秘書官事務嘱託の松《まつ》尾《お》伝蔵《でんぞう》陸軍予備役大佐だった。岡田首相と大変似ている（髪を短くするなど、凶変に備えてわざわざ似せていたともいう）松尾大佐は、襲撃と同時に首相を寝室から連れ出し、護衛の警官たちと協力して炊事場に避難させ、さらに大浴場に匿《かくま》うなど必死の護衛をしていた。

しかし、官邸内に乱入した襲撃隊の捜査網は次第に狭まってくる。護衛の警官も一人斃《たお》れ、二人斃れで、首相発見は時間の問題と思われた。松尾大佐が首相の側を離れたのは、もしかしたら自分を岡田と思わせ、襲撃隊にその身をさらすことで首相を救おうとしたのかもしれない。もしそうだとすれば、松尾大佐の作戦は見事に成功したことになる。

顔と腹に二発の銃弾を受け、鮮血にまみれた松尾大佐は中庭の一隅の壁に寄りかかるようにして正座していた。今度発見したのは栗原中尉たちだった。しかし兵たちは老人のあまりに凄い形相《ぎょうそう》に圧倒され、引き金を引けないでいた。栗原は倉友音吉《くらともおときち》上等兵にとどめを命じた。倉友上等兵は二六式拳銃の引き金を引いた。一発は胸部に、そして次の一発は眉間《みけん》に命中した。

金子良雄さんは、このとき二等兵として裏門付近の警戒に当たっていた。そして『郷土兵』に寄せた手記にこう記している。

「しばらく銃声が響き緊張が続いたが間もなく静かになった。私は中の様子を見ようと加藤二等兵と共に警戒しながら家屋に近づくと、栗原中尉が出てきて『日本間にある総理の写真を持ってきてくれ』と命令された。すでに射殺されている総理と照合するためであった。そこで私は写真をはずし栗原中尉の所に持っていくと、中尉は両方の顔を交互に見ていたが、その結果は間違いないという確認を得たので遺体を日本間に移し安置した」

岡田大将記録編纂会編『岡田啓介』によれば、当の岡田首相は、この〝首相殺害〟場面を一部始終目撃していた。

岡田首相が居間として使っていた首相官邸の日本間

岡田首相が「奇跡の生還」を果たすことができた、首相官邸日本間の押し入れ

「松尾は陛下万歳を唱えて倒れた。この四、五人の一隊は中庭に出て、『これだ、これだ』と松尾の死体を自分の寝室に運び、自分のベッドに仰臥《ぎようが》せしめた。この報告を聞いて、一五、六人の一隊が集まっていたようである。

自分は、この間に浴室を出て洗面室の電灯を消し、壁に倚《よ》りかかって、先方からは見えないようにし、自分の寝室を覗いた。十数人のものが集まっている。一人が銃剣で寝室につぐ大広間にかかげてある自分の写真（夏の背広姿にて外務省の写したるもの）をとりはずし、これを松尾と見較べ、『これだ、これだ』と松尾を自分と思いこみ、みな、どこかへ立ち去った」

岡田首相がお手伝いさんの部屋に逃げ込み、押し入れの中に潜むのはこの後である。しかし栗原中尉をはじめ襲撃部隊は、殺害したのが松尾大佐とは知らない。だから栗原の〝首相確認〟が終わったとき、誰からともなく万歳が起こり、兵士たちは栗原が買ってこさせた清酒の四斗樽を車回しに運び上げて〝勝利の乾杯〟をしたのである。

この首相官邸襲撃では、前記の松尾大佐の他に四人の生命が失われた。いずれも首相護衛の警官で、村上巡査部長、土井清松巡査、小館喜代松《こだてきよまつ》巡査、清水与四郎《しみずよしろう》巡査の四人である。

鈴木貫太郎侍従長襲撃

鈴木貫太郎侍従長を官邸に襲撃するのは安藤隊である。東京・千代田区麹町三番町にあった侍従長官邸は、現在の内堀通りに面した千鳥ヶ淵戦没者墓苑に隣接した宮内庁宿舎のあたりにあった。他の部隊の襲撃場所に比べれば遠いが、それほどの距離ではない。しかし、安藤隊の出発は決起部隊の中では一番早かった。

午前三時三十分に歩三の営門を出た安藤隊二〇四名が侍従長官邸に着いたのは四時五十分頃だ。襲撃隊は第一小隊（隊長・永田《ながた》露《あきら》曹長）と第二小隊（隊長・堂込《どうごめ》喜市《きいち》曹長）の二個小隊編成で、それぞれが四分隊で編成されていた。そして襲撃は予定の五時に開始された。

官邸への侵入は表門と裏門から同時に行われた。表門が第二小隊、裏門が第一小隊である。表門は小門が開いていたのでそこから入り、大門を開けて兵がなだれ込んだ。裏門は扉が閉まっていたので塀を乗り越えての侵入だった。

安藤輝三大尉は第二小隊とともに表門から入っている。そのとき官邸には三名の警官がいたが、軍隊の突然の侵入に無抵抗のままサーベルを差し出した。

鈴木侍従長を発見したのは、裏門から侵入した第一小隊第三分隊長の奥山粂治軍曹とその部下たちだった。真っ暗な官邸内を銃剣の先で探りながら進んでいた奥山軍曹は、寝室らしい日本間を見つけ

侍従長の鈴木貫太郎海軍大将

る。布団が敷かれている。中に手を入れてみると、温《ぬく》もりがある。部屋の正面に襖《ふすま》が二枚ある。〈ここだ〉と直感した奥山軍曹は銃剣を襖に突き刺した。もう一度刺す。そして剣先でそっと襖を開けた。薄暗がりの中を覗くと、寝巻姿の老人が立っていた。老人は明るい電灯の下のほうにやってきた。写真で見る鈴木貫太郎だった。

奥山軍曹は発砲を控え、とにかく安藤大尉に報告しようとした。ここで奥山軍曹はなぜ銃の引き金を引かなかったのか……。その詳細は奥山軍曹が手記を寄せているので、ここでは省略する（二一二頁参照）。

発砲したのは奥山分隊の後から入ってきた堂込、永田の二人の小隊長だった。奥山軍曹の耳元で発射された拳銃弾は三発である。判決文によれば「左乳暈《にゆううん》内縁より同側胛《そつこう》上方に貫通する銃創、左臀部《でんぶ》大腿《だいたい》大転子部より左陰嚢《いんのう》内に至る盲管銃創及び、左耳殻《じかく》より左乳嘴《にゆうし》突起部に貫通する銃創の重傷」だった。

鈴木侍従長はその場に倒れた。

奥山分隊の大谷武雄さんは二等兵で現場にいた。『郷土兵』から引用させていただく。場面は奥山軍曹が剣先で襖を開けた直後である。

《果たして侍従長は押入れの中に立っていた。ここで奥山軍曹は私に、「大谷！　お前は廊下で外部を警戒していろ」と命令した。

私はすぐ室外に出たが内部の様子が気になって警戒しながら時々内部の成り行きを見ていた。

雪に覆われた事件直後の侍従長官邸

その時誰かが大声で「見つけたゾーッ」と叫んだ。すると女中部屋の方からドヤドヤ兵隊たちがやってきた。

その間奥山軍曹は身構えながら侍従長を畳の上に引き出した。侍従長は白っぽい寝巻姿で、両手をあげ、

「マアマア、話せば判るから、話せば判るから」

と蒼白な顔をして出てきた。その頃部屋の中には駆けつけた兵隊を加えて一五、六名が集まり、いつの間にか立ったままの侍従長を半円形に包囲し銃剣をつきつけていた。

「誰か中隊長殿に知らせろ」

と奥山軍曹がいい、兵の一人が走っていった。その時、包囲していた中の堂込曹長が突然、

「問答無用だ！」

と叫ぶなり拳銃を発射した。その距離二米とない間合いだったので弾丸はこめかみと腹部に

命中し、侍従長は両手を腹に当てたまま前のめりに倒れた。そこへ安藤大尉が走ってきて侍従長の姿を見るや数名の者に指示してすぐ寝床の上に運ばせた。

夫人はその間一言も発せず、ジッと正座したまま一部始終を見ていた。そこで安藤大尉は夫人に向って座り、蹶起理由を手短に説明したところ、夫人は一つ一つうなずかれ、最後に「よく判りました」といった。その態度は驚くほど冷静であった。

やがて安藤大尉は侍従長の手をとり脈のあるのをみて、

「最後の止どめをさせて頂きます」

といって軍刀の剣先を侍従長の喉《のど》にあてると、夫人が、

「もうこれ以上のことはしなくてもよろしいでしょう」

と云ったので大尉はやや考え込んでいたが、

「ではこれ以上のことは致しません」

そういって静かに軍刀を収めた。ここで全員は不動の姿勢をとり、中隊長の号令で侍従長に対し捧《ささ》げ銃《つつ》を行い官邸を出た。

帰りぎわ、表門の守衛が安藤大尉の軍刀にしがみつき、「申しわけないから私を殺して下さい」と泣き叫ぶ一幕もあった。また裏門の巡査数名は詰所の庇樋《ひさとい》に両手をかけた姿で兵隊に監視されていた》

安藤大尉がなぜとどめを刺さなかったかについては、さまざまに言われ、書かれている。しか

し、その〝真相〟も奥山軍曹の手記にお任せしたい。

斎藤実内大臣襲撃

歩兵第三連隊第一中隊二一〇名を率いて斎藤実内大臣を襲撃する坂井隊は、警視庁占拠の野中隊より一足早い午前四時十分に営門を出た。

編成は小銃八分隊、軽機関銃八分隊、機関銃四分隊で、これを第一突撃隊（坂井直中尉、麦屋清済少尉）と第二突撃隊（高橋太郎少尉、安田優少尉）、警戒隊に分けた。本来、この警戒隊の指揮は末吉常次《すえよしつねじ》曹長が執ることになっていた。ところが、出発直前になって曹長は兵器係の中島正二《なかじましょうじ》軍曹とともに逃げ出し、第一中隊長矢野正俊《やのまさとし》大尉宅に駆けつけ、坂井中尉が部隊を連れ出すことを知らせにいってしまった。このため警戒隊は指揮官なしで、各分隊長の責任で決行に臨まざるを得なくなってしまった。坂井隊には斎藤実内大臣襲撃後、杉並の渡辺錠太郎教育総監襲撃も割り当てられて

内大臣の斎藤実海軍大将

いる。兵の操縦に慣れたベテラン下士官二人の〝脱走〟は、若い坂井中尉には痛かった。しかし、ここにいたって計画の変更は許されない。

「断乎タル決心ヲ以テ方針ヲ変更シマセンデシタ」（坂井調書）

斎藤私邸は四谷見附に近い四谷仲町三丁目にあった。現在の新宿区若葉一丁目で、近くには大宮御所があり、東隣りには赤坂離宮もある。それだけに襲撃は慎重に行わなければならない。坂井中尉が特に約三分の一の兵力を割《さ》いて警戒隊を編成したのも、こうした周囲の条件を考えたからだった。

正門は簡単に開き、侵入は簡単だった。当初の計画では第一小隊が正門から、第二小隊は通用門から入ることになっていたが、正門が簡単に開いたため、急遽全突入部隊が正門から入ることになった。邸内には三〇名近い警官が詰所にいたが、突撃隊の殺到に仰天し、たちまちのうちに武装解除されてしまった。

斎藤夫妻は二階の寝室にいる。突撃隊は軽機関銃などで雨戸を壊し、乱入した。憲兵隊での坂井中尉の供述によれば、次のようである。片仮名を平仮名に直して紹介しよう。

「此《こ》の時、内府《ないふ》夫人が物音に驚き、入口の戸を開けましたが、此の様子に驚き、一瞬にして戸を閉められました。そこで安田少尉が戸を開いたので一同中へ這入りますや、夫人は一同の前に両手を挙げて立ち塞《ふさが》り、待って下さい、と言って制止されました。其の頃、内府は室の奥の方より寝巻の儘《まま》起きて来られました。

警備の警官が張り付く事件直後の斎藤実内大臣邸の門前

そこで誰であったか記憶しませんが夫人を押しのけて、一番右に居た安田少尉が先ず拳銃を一発放ちました。続いて私と高橋少尉の三人で拳銃を乱射しましたから、内府は二、三歩後へ退き、要図に示す様に横に倒れました。

此の時、夫人は身を以て内府の身体を庇《かば》ひ、殺すなら私を殺して下さい、と言って其処を離れませんでした。洵《まこと》に夫人の態度は立派でありました。固《もと》より私達一同は内府以外の人には決して負傷させまいと予《あらかじ》め申合せて居りましたから、無理に夫人を押し退《の》けて射撃を続けました。此処で内府が全く人事不省に陥った様でありましたが、此の時軽機関銃の射手が、私にも射たしてください、と言って軽機関銃を以て数発発射致しました。とゞめを刺そうと思ったのですが、夫人が離れないので、目的は充分に果したものと思ひ、とゞめを刺さずに寝室より引

弔問客の車で埋め尽くされた斎藤内大臣邸の玄関前

下がって、正門前に集結し、一同と共に思はず天皇陛下万歳を三唱しました。時に午前五時十五分でした」

　拳銃発射に当たって安田少尉の供述では「三人デ（麦屋ハ階上ニ上ラズ）『天誅国賊《てんちゅうこくぞく》』ト云ヒナガラ拳銃ヲ発射シマシタ」という。そして高橋少尉は「尚、夫人ハ其時吾々ヲ押シノケテ主人ノ上ニ倒レテオウヒカバヒ『巡査ハ如何《ドウ》シマシタカ、私ヲ殺シテ下サイ』ト絶叫シマシタ。吾等ハ夫人ニ危害ヲ及ボサナイ様下ヨリ拳銃ヲ差入レ乱射シマシタ」と、その残酷な現場を供述している。

　坂井中尉が供述しているように、襲撃はわずか十五分で終わっている。

　突撃隊は門外に出る。そこで坂井中尉は中隊全員を集め、血糊《ちのり》で染まった手をかざし、「これは悪賊斎藤の血である、皆よく見ろ！」と誇

事件6日前の2月20日、斎藤実内大臣は蔵相官邸に高橋是清蔵相を訪ねて会談をした。写真はその時のもので、奇しくも両巨頭にとってこの写真が最後のものとなってしまった

らしげに示したという。

ここで坂井中尉以下の主力は陸軍省付近に移動するのだが、高橋太郎、安田優両少尉に率いられる約三〇名の下士官兵は、千葉県市川の野戦重砲第七連隊第四中隊から馳せ参じた田中勝《たなかまさる》砲兵中尉手配のトラックに乗り、杉並区上荻窪の渡辺大将の襲撃に向かう。しかし、それはひとまず置き、赤坂の高橋是清《たかはしこれきよ》蔵相を襲撃している中橋隊に目を転じよう。

高橋是清蔵相襲撃

近衛第三連隊から参加したのは、中橋基明《なかはしもとあき》中尉（第七中隊長代理）の第七中隊一三六名と、師団司令部からただ一人参加した大江昭雄《おおえあきお》曹長を加えた一三七名だった。大江曹長は中橋中尉のかつての部下で、蔵相襲撃を事前に知らされた数少ない下士官の一人である。襲撃に際しては、ここに千葉県津田沼にある鉄道第二連隊（砲工学校）付の中島莞爾《なかじまかんじ》少尉が、栗原中尉の命令で加わる。近歩三の下士官兵連れ出し工作は、この中橋・中島の二人の将校によって行われた。そして、中橋隊への実弾を用意したのは歩一の栗原中尉である。

中橋中尉は二・二六事件の前哨戦ともいうべき一九三三年（昭和八）の「埼玉青年挺身隊事件」に栗原等とともに連座し、満州の関東軍に〝左遷〟されていたが、前年の十二月に近歩三に戻ったばかりだった。いわば折り紙付きの急進派将校である。その中橋中尉が第七中隊の中隊長代理になったのは、たまたま中隊長の井上勝彦《いのうえかつひこ》中尉が陸大に入学したため、その後任に選ばれたのである。この中橋中尉の中隊長代理就任を危ぶむ声は、当時、隊の内外からかなり強くあったといわれている。下士官兵が危険思想に害される、というものだ。そして、危惧は現実となってしまう。

中橋中尉が部下の斎藤一郎特務曹長と大江曹長の二人を連れて歩一の栗原のもとに弾薬受領にきたのは前夜の午後十時半頃だった。曹長たちには「演習用だ」といい、小銃実弾約一〇〇〇発、拳銃実弾約二〇〇発を受け取り、帰隊している。近歩三は赤坂一ツ木にあり、歩一とは背中合わせの位置にある。歩いても大した距離ではない。

こうして中橋中尉が第七中隊に非常呼集をかけたのは午前四時二十分頃だった。決起部隊では一番遅い非常呼集である。しかし、二十三日に歩三の週番司令室で行われた最後の謀議で決定された「二十六日午前五時一斉決行」には十分間に合う時間だ。地図（三二頁参照）を見ていただければわかるが、近歩三と高橋蔵相私邸は直線距離にして一キロもない。文字通り目と鼻の先だったからだ。

事件後、中橋中尉は供述している。

「午前四時五十分営門を出発しました。

名蔵相と謳われた高橋是清

其の際、衛兵司令には明治神宮参拝と告げました。兵力は一三〇名で、二分し、一小隊は守衛控兵の任務があったので守衛控兵の服装、一小隊は突入部隊として軽機関銃四銃を持って居ました」

中橋中尉は連隊から高橋蔵相私邸までは十分間とみたのである。もちろん十分である。

非常呼集された兵たちは急いで支度を整え、舎前に整列した。中橋中尉は歩一や歩三の将校たちのような訓示や演説はいっさいしなかった。長野峯吉《ながのみねきち》一等兵の手記によれば、中橋は「編成を終わった頃を見て、いきなり、『気ヲツケーッ、右向ケー右、前エー進メッ』の号令をかけた」（『郷土兵』）という。

襲撃隊は中橋供述にあるように、中橋中尉が自ら指揮する第一小隊（突撃隊）六三名と、中橋に無理矢理参加させられた今泉義道少尉指揮の第二小隊（衛兵控兵隊）に分けられた。

今泉少尉の衛兵控兵隊とは、宮城警備を行う守衛隊の増援部隊のことで、「赴援隊」と言われ、緊急時のみに出動することになっており、普段は連隊内に待機している。守衛隊は近衛の各連隊に課せられた任務の一つで、一大隊ずつが毎日交替で宮城警備を行うものである。そして、赴援隊は一個中隊があたり、この日の担当が中橋中尉の近歩三第七中隊だったのである。もちろん服装も違い、専用の軍服が決められていた。第二小隊は、その衛兵控兵の服装で出動したのだ。

営門を出てまもなく、シャム公使館近くの暗がりにきたとき一時停止が命ぜられた。そして実包が配られ、その場で着剣・弾込めが行われた。ただし実包が渡されたのは第一小隊だけで、今

事件当夜の高橋是清邸。青山通りに面した「高橋是清翁記念公園」が私邸跡である

泉少尉の第二小隊には渡されなかった。

松本芳雄二等兵の手記にはこうある。

「この時、中橋中尉ははじめて本当の出動目的を告げた。高橋蔵相は奸賊であるのでこれらを倒し、昭和維新を断行するのだという。私は大変なことになったと思ったが命令であれば従うまでと心に決め、他の兵隊たちも別段動揺は示さなかった」（『郷土兵』）

中橋中尉はここで「第二小隊は現在地で待機」を命じ、第一小隊に前進を命じる。目指す高橋蔵相私邸まではほんの五、六メートルである。現在は赤坂七丁目であるが、当時は赤坂表町といった。青山通りに面した「高橋是清翁記念公園」が私邸跡である。道路を隔てた向かい側には青山御所が広がり、秩父宮邸、三笠宮邸も続いていた。

襲撃は表門から中橋中尉たちが入り、東門か

事件半年前の昭和10年８月、葉山の別邸でお孫さんたちに囲まれてご満悦だった是清翁

ら中島少尉たちが門を乗り越えて侵入した。しかし、二階一〇畳間の寝室にいた蔵相を発見、殺害を実行したのは中橋中尉と中島少尉の二人だけだった。

中島少尉は憲兵隊にこう供述している。

「やっと蔵相が居る処が判って、中橋中尉は『国賊』と呼びて拳銃を射ち、私は軍刀にて左腕と左胸の辺りを突きました。蔵相は一言うなりたり如くして、別に言葉なく倒れました」

高橋蔵相はほとんど即死状態で絶命した。家族の証言では、蔵相の左腕は肩の付け根から取れそうなくらいブラブラしていたという。

こうして襲撃は瞬時に終わった。邸外で銃声を聞いた兵士たちの証言では「五分間くらい」だった。他の襲撃隊のような万歳も喚声も起きなかった。

邸外に戻った中橋中尉はただちに出発を命じ

た。突撃隊の第一小隊は中島少尉の引率で決起部隊の集合地である首相官邸に向かい、第二小隊は赴援隊の出動を装って宮城に入り込むために中橋中尉自らが引率して半蔵門に向かった。

渡辺錠太郎教育総監襲撃

四谷仲町で斎藤実内大臣を襲撃したのち、主力は他の決起部隊と合流するため陸軍省に向かったが、高橋太郎、安田優両少尉に率いられた約三〇名の下士官兵はトラックで杉並の上荻窪に向かった。渡辺錠太郎教育総監を襲撃するためである。トラックには軽機関銃四梃、小銃約一〇梃が積まれている。

渡辺教育総監襲撃の実質的責任者は安田少尉である。安田が荻窪の地理に詳しかったからだ。住所は「上荻窪二丁目一二番地」、そして安田少尉が寄宿していた義兄宅は「上荻窪二丁目九七番地」であった。安田少尉にとって渡辺教育総監は〝ご町内の皆さん〟だったのである。事前に渡辺邸の様子や総監の寝ている部屋などを、さり気なく聞き込みをしていた安田らしい男も目撃されている。

さて、四谷を出発した襲撃隊が渡辺邸に着いたのは七時前だった。襲撃班は二名の将校以下五、六名で、安田・高橋両少尉が先頭に立って表門を襲った。門はすぐに開いたが、玄関が開かない。軽機関銃を発射させせた。発射したのは中島与兵衛上等兵である。その中島上等兵は書いている。

教育総監の渡辺錠太郎陸軍大将

「数分たった頃、『裏口があいている』という連絡がきたので全員裏口に廻わり安田少尉が先頭を切って屋内に入った。我々の襲撃を察知した総監はここから脱出しようとしたのではなかろうか。

安田少尉はツカツカと進んで部屋の戸をガラッとあけると、そこに夫人が襖を背に、手を拡げて立っていた。安田少尉が総監の部屋を尋ねるといきなり、『あなた方は何のためにきたのですか、用事があるなら何故玄関から入らないのですか』と大声をあげた。

夫人は勿論総監の居場所など答える筈はない。しかしその様子で大体察しがついた。その奥の部屋に居るらしい。いや、いる筈である。そこで高橋少尉が夫人を払いのけて襖を開放した。すると布団の付近から突然拳銃を発射してきた。正しく総監であった。その部屋は八畳くらいの寝室で、総監は布団をかぶりその隙間から拳銃を発射しているらしい。

ここでまた応戦の形で銃撃戦が行われたが、相手が一人のため瞬く間に決着がつき高橋少尉が布団の上から軍刀で止どめを刺して引きあげた。この襲撃も時間にすればせいぜい二十分位だったと思う」（『郷土兵』）

事件直後の渡辺邸。階下の雨戸が閉まっているところが居間

渡辺総監は「後頭部ソノ他全身ニ銃創、切創等十数個ノ創傷」（判決文）を受けて即死した。

ところで、襲撃隊が踏み込んだとき、総監私邸には二人の護衛憲兵が泊まり込んでいた。伍長と上等兵である。大谷敬二郎著『昭和憲兵史』によれば、この憲兵伍長に牛込憲兵分隊から「今朝、首相官邸、陸軍省に第一師団の部隊が襲撃してきた。鈴木侍従長官邸や斎藤内大臣邸もおそわれたらしい。軍隊の蹶起だ。大将邸も襲われるかもしれない。直ぐ応援を送る。しっかりやれ」という緊急電話が入っていた。

「伍長は、とうとう来るものが来たと思った。寝衣のままではどうにもしようがない。急いで自室に戻った彼は、同僚の上等兵をたたきおこし、自ら軍服を着込んで武装もした。その時だった、表門のところでトラックのきしる音がしたと同時に、下車、ガヤガヤと兵のざわめきが

事件直後の上荻窪の渡辺邸を警備する憲兵

おこった。咄嗟《とっさ》に彼は階下に降りた。とたんに車から降りた兵隊達は、表玄関に殺到してきた。ダダダン軽機の乱射、すぐ憲兵はこれに応戦した」
（前掲書）

憲兵の応戦で安田少尉は右大腿部に貫通銃創を負い、分隊長の木部正義伍長も同じく右大腿に盲管銃創を負ったが、ともに命に別状はなかった。

牧野伸顕前内大臣襲撃

牧野伸顕《まきののぶあき》前内大臣を寄留先の湯河原温泉で襲撃する河野《こうの》寿《ひさし》大尉の湯河原班が、二台の自動車に分乗して歩一の営門を出たのは午前零時半頃だった。河野大尉は所沢飛行学校からただ一人参加した革新派将校だったため、部下がいなかった。そこで栗原安秀中尉がかつての部下である予備役の下士官や民間人の同志を河野大尉のもとにつけた。武器や自動車の手配もすべて栗原中尉がしたものである。湯河原班のメンバーは次のようであった。

宇治野時参《うじのときぞう》軍曹（歩一現役）
黒沢鶴一《くろさわかくいち》一等兵（歩一現役）
宮田　晃《みやたあきら》曹長（予備役）
中島清治《なかじませいじ》曹長（予備役）
黒田　昶《くろだあきら》上等兵（予備役）

前内大臣の牧野伸顕

水上源一《みずかみげんいち》（民間人・日大生）
綿引正三《わたびきしょうぞう》（民間人・日大生）

隊員七名のうち現役である宇治野軍曹と黒沢一等兵は、予備役と民間人ばかりのメンバーに不安を持った栗原が、急遽湯河原班に派遣したものだった。現役組以外のメンバーは二十五日の夜十時過ぎにそれぞれ栗原中尉に「面会」を求めて歩一に入り、用意されてあった軍服に着替えて待機していたものである。

河野大尉たちの襲撃・放火で焼失した伊藤屋別館「光風荘」の消火作業

襲撃班は午前四時過ぎには湯河原に着き、温泉の入り口で河野大尉から牧野が宿泊している伊藤屋旅館と別館の見取り図を見せられ、細かい指示を与えられた。見取り図は同志の渋川《しぶかわ》善《ぜん》助《すけ》と河野自身が前日までに調べ上げたものである。

決行は東京の各襲撃班と同じ午前五時。一行は伊藤屋本館の前で車を降りると、一〇〇メートルほど離れた別館に向かってだらだら坂を上った。

「行動開始!」

河野大尉は低い声で命令を下した。河野大尉の実兄である河野司氏の『湯河原襲撃』は、次の場面をこう描写している。

「黒い塊が門内に移動し、玄関を避けて勝手口へ殺到して行った。

『電報、電報』

三度、四度、勝手口の引戸を叩く物音に、牧野邸（引用者注：伊藤屋別館）の静寂は破られた。邸内に迫ったのは河野を先頭に、宮田、宇治野、水上の四名であり、他の四名は表門および裏口に配置された軽機に位置して、外部への警戒と、内部からの脱出に備えた。早暁の電報の声に応じて、邸内の電燈がついた。勝手口に現れたのは宿直警官の皆川巡査であった」

皆川義孝巡査は細目に開けた戸口からそっと覗き、あわてて引き返そうとした。だが、一瞬早く河野大尉は踏み込んでいた。そして拳銃を擬《ぎ》して「牧野の寝室に案内せよ」と銃口を胸許に向ける。

「廊下は幅三尺に過ぎない。大の男が軍装で通るのに一杯であり、電燈は消えていて前方の見通しもきかない。軍靴《ぐんか》のままの無気味な足音が、暗い廊下にきしみ、無言の一列が一歩一歩を刻んだ。最後の突当りを、皆川巡査が曲ったかと見た瞬間、振返りざま轟然、拳銃が皆川の直後につづいた河野の胸許に火を吐いた。距離二尺とは離れていない。連続してさらに一発、二発、河野の後につづく宮田、宇治野の方へも……。いつの間にか皆川巡査の手に拳銃が隠されていたのだった。しかし撃たれた瞬間、アッと叫んだ河野の手の拳銃も、反射的に皆川巡査の腹部に唸りこんでいた」（『湯河原襲撃』）

牧野襲撃はこの時点で失敗を決定づけられたといってもよかった。河野大尉は胸部盲管銃創で、すでに行動の自由を失っていた。

「俺に代わって誰か邸内に突っ込め」

焼け落ちた伊藤屋別館。宿泊していた牧野伯爵は逃れて助かった

伊藤屋別館の異変に気付いて駆けつけ、牧野伯爵らを背負って裏山への避難を助けた隣の工場従業員の生駒林次さん（右）と角谷一重さん

危険を察知して牧野伯爵をはじめ夫人や令嬢をお手伝いさんたちの間に隠して裏山に避難させた、付き添い看護婦の森すずゑさん

河野大尉との銃撃戦で殉職した皆川義孝巡査

と叱咤するが、再び邸内に躍り込む者はいなかったのである。河野大尉はしかたなく牧野伯の寝室に向けて機銃の掃射を命じると同時に、火を放つことに同意した。

こうして伊藤屋別館は全焼し、焼け跡からは皆川巡査の焼死体だけが発見された。牧野伯は付き添いの看護婦やお手伝いさんの手引きで辛くも裏山に逃れ、難をまぬがれたのだった。

そして河野大尉は、入院した熱海の衛戍《えいじゅ》病院で三月五日午後三時半頃、果物ナイフで割腹自決を遂げた。

二月二十六日
占拠された日本の中枢

陸相官邸に乗り込んだ上部工作隊

赤坂の溜池で首相官邸襲撃の栗原隊と別れた歩三の野中隊は、午前五時の襲撃時間には警視庁を完全包囲していた。建物の各出入り口は機関銃や軽機関銃、小銃分隊を配して銃口を向け、周辺一帯に歩哨線を敷いて〝外界〟から遮断、警視庁の武装隊である特別警備隊隊長と交渉に入った。

警視庁占拠の野中隊は、前にも記したように決起部隊中最大の五〇〇名の兵員を擁しており、武器も重装備であった。記録によれば機関銃八挺、同実包約四〇〇〇発、軽機関銃十数挺、同実包約一万発、小銃数百挺、同実包約二万発、拳銃数十挺、同実包千数百発とある。いかに警視庁の特別警備隊とはいえ、決起部隊の敵ではなかった。警視庁は文字通りあっという間に〝無血占領〟されてしまった。これで当初計画した襲撃・占拠対象はすべて完了したことになる。残るは

野中隊に占拠された事件当時の警視庁

上部工作の本拠地、陸相官邸の占拠と川島陸相との面会である。

決起部隊の〝作戦本部〟になる陸軍大臣官邸占拠は、丹生隊の担当である。丹生誠忠中尉率いる歩一第一一中隊を主力とする約一七〇名が官邸に到着したのは五時を五、六分回っていた。丹生隊はただちに日本の陸軍の中枢が軒を並べている参謀本部、陸軍省、そして陸相官邸の周囲を包囲・遮断、外部との連絡を断ち切った。その上で陸相官邸に乗り込んだ。

ここには第一旅団副官の香田《こうだ》清貞《きよさだ》大尉、決起部隊の参謀格である磯部浅一（元一等主計）、村中《むらなか》孝次《たかじ》（一九三四年の十一月事件で停職・免官、元陸軍大尉）、西園寺《さいおんじ》公望《きんもち》襲撃を中止した豊橋教導学校の竹嶌《たけしま》継夫《つぎお》中尉、山本《やまもと》又《ゆう》予備少尉など、部下を持たない軍人たちが加わっている。

もとより決起将校の最終目的は要人殺害では

反乱軍麹町付近占拠要図（昭和11.2.26）

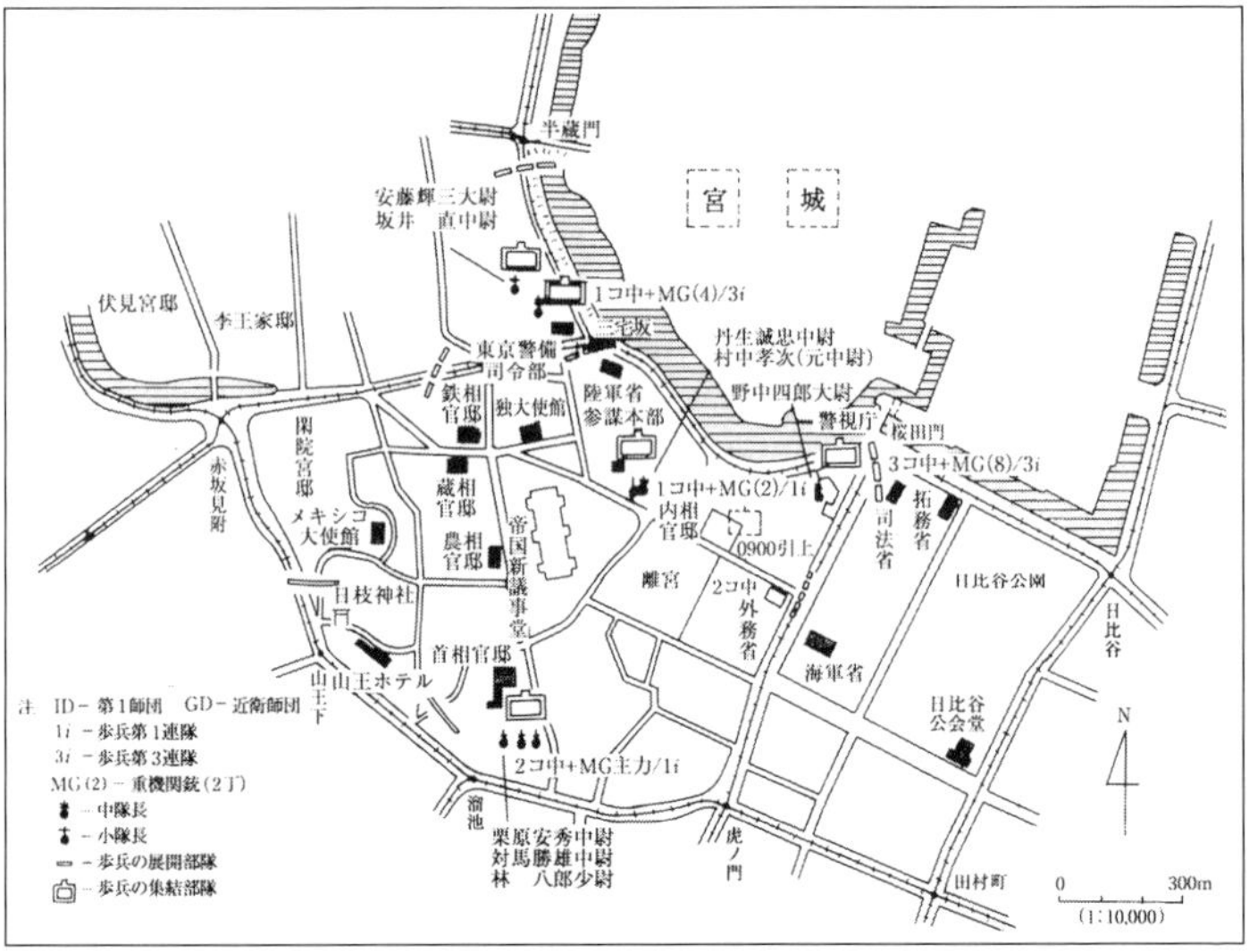

ない。国民を疲弊《ひへい》させ、国を危うくさせている軍や政府の要人を排除した後、彼等が考えている「維新政府」を樹立することにある。それには軍政の中枢制圧という事実を背景に、軍の上層部に決起の意図を認めさせ、上奏してもらわなければならない。陸相官邸占拠はその第一段階であり、陸軍の最高責任者である川島義之《かわしまよしゆき》陸相は工作第一号ということである。この上部工作の責を負っているのが磯部と村中、香田の三人だった。昭和維新断行の決起は、ここからが本番なのである。

　実行部隊が官邸周辺を固め終わると、磯部、村中、香田の三人は官邸に入った。川島陸相に会うためである。憲兵が「大臣は風邪である」と面会を拒む。三人は強引に入り、夫人を通して面会の約束を取り付け、応接室で待った。ところが川島陸相は三十分たっても一時間たっても姿を見せなかった。そして、小松光彦《こまつみつひこ》秘書官（少佐）をともなって現れたのは七時近くであった。その間、各襲撃隊からは伝令が次々やってきて「目的達成」の報をもたらしていた。

義軍ナリヤ賊軍ナリヤ、陸相に迫る決起将校たち

陸相官邸大広間の会議机を隔てて川島陸相、小松秘書官と対峙した磯部、村中、香田の三人は、「蹶起趣意書」を読み上げた。読み上げたのは香田大尉である。続いて机上に地図を広げ、早暁からの襲撃目標と成果を説明し、決起した将校の名簿一覧を差し出した。小松秘書官はさかんにメモをとっていたが、陸相は黙って聞いている。

襲撃の説明が終わると、香田大尉は「大臣への要望事項」を読み上げた。これは前夜、歩一第一中隊将校室で磯部元一等主計たちが書いたものである。その要旨は次のようなものだった。

一、陸軍大臣の断乎たる決意により、事態収拾を急速に行うと共に、本事態を維新回転の方向に導くこと。

一、蹶起の趣旨を陸軍大臣を通じて天聴《てんちょう》に達せしむること。

一、警備司令官、近衛、第一師団長及び憲兵司令官を招致し、皇軍相撃をなからしむるよう、急速の処置をとること。

一、兵馬《へいば》の大権《たいけん》を干犯《かんぱん》したる宇垣朝鮮総督、小磯中将、建川中将を直ちに逮捕すること。軍権を私した根本（博・大佐）、武藤（章・中佐）、片倉（衷・少佐）の即時罷免。

一、ソ連威圧のため荒木大将を関東軍司令官に任命すること。
一、重要なる地方同志を即時東京に招致して事態収拾に当たらしむること。
一、前各項実行せられ、事態の安定をみるまで、蹶起部隊を警備隊に編入し、現占拠地より絶対に移動せしめざること。

要望事項を読み終わったところに、渡辺教育総監襲撃が達成されたという伝令報告が届く。

そして『昭和憲兵史』はこうつづる。

《川島はこれを聞くと〝皇軍同士が撃ち合ってはいかん〟と低くあえぐようにいった。いつの間に首相官邸から来ていたのか、つと、後ろから進み出た栗原中尉は、色をなして〝渡辺大将は皇軍ではありません〟と鋭く応酬した。川島には答なく、かすかにうなずいた。

大臣は「よし、わかった。君達の要望事項は自分としてやれることもあれば、やれん事もある。勅許を得なければならんことは、自分としてはなんともいえない」と初めて意見を述べた。

だが彼等にとっては、こんな返答ではどうにもならない。香田は威勢高に、

「閣下！　そんななまくらを言っていては駄目です、閣下の御決断によって事はきまります。即時一大勇断をして下さい」

と怒号に近く大臣に迫っていた》

このとき決起将校派の斎藤瀏《さいとうりゅう》予備少将が入ってきて、「そうだそうだ、大臣は若い者の決死の事あげを、はっきり認めてやりなさい。そしてすぐ事態収拾に乗り出しなさい」と威勢よくまく

決起部隊に占拠された日本の中枢。写真上部左端が建設中の国会議事堂、中が参謀本部、右端に見えるのが陸軍省

したてた。斎藤は栗原中尉から「襲撃決行」の電話連絡を受けて飛んできたのである。

《香田、村中らは斎藤少将の声援を得て、しきりと大臣に決断を強要するが、大臣はなかなかウンといわない。

「では、とも角、真崎、古荘、山下、今井の各将軍、それに村上、鈴木両大佐、満井中佐を至急招集して下さい。そしてわれわれと一緒に事態収拾方を協議するように取計って下さい。大臣がこの処置をとられるまでは、われわれは一歩も、ここを引きません」

とかねての腹案による皇道派または皇道派の味方と信ずる人々の来邸を求めようとした。大臣はこれには異存なく小松秘書官に電話でこれらの人々を官邸に招致することを命じた》（同書）

部下の決起を知った歩一の連隊長小藤《こふじ》恵《さとし》大

佐が、歩一の週番司令で決起部隊を積極的に援助している山口《やまぐち》一太郎《いちたろう》を伴って大広間に入ってきたのは、このやり取りの最中である。

思わぬ場面に出くわした山口大尉が「香田清貞等ト会見中ノ陸軍大臣川島義之ニ対シ、本事件ノ処置トシテ市民ヲ傷ケザルコト、皇軍相撃ヲナサシメザルコト、決起部隊ヲ、義軍ナリヤ賊軍ナリヤヲ速カニ決定シ、イハユル昭和維新ニ邁進スル強力内閣ヲ組織シ、現事態ニ善処セラレタキコト等ヲ懇請シ」（判決文）たのは、このときであった。

ここで陸相にウンと言わせるかどうかが成否のカギだ。もし陸軍の最高司令官が要望書を飲めば、戦いは勝ったようなものである。だが、優柔不断の陸相はノラリクラリ、何一つ答えることができない。磯部や香田の苛立ちは増す。正念場だった。

川島義之陸軍大臣

いつの間にか参謀本部の石原莞爾《いしはらかんじ》大佐（作戦課長）も姿を見せていて、「傲然《ごうぜん》と椅子に腰かけていた」（『昭和憲兵史』）。この石原を見つけた栗原が、「維新に対してどう考えているか」と詰め寄り、石原が「いうことを聞かねば、軍旗を持ってきて討伐します」と言い放ったことから、一瞬、殺気立つ場面も生まれた。

大広間の会見はすでに二時間を超えていた。

真崎甚三郎大将

石原莞爾大佐

官邸には続々と将校たちが登庁し、玄関で決起の警備兵と入れろ入れないで悶着を起こしていた。陸軍省や参謀本部に出勤したが入れないため、陸相官邸に流れてきたのである。阻止しきれなくなった丹生中尉の要請で、磯部が玄関に姿を見せる。そこに皇道派の巨頭といわれる軍事参議官・真崎甚三郎《まさきじんざぶろう》大将が車を滑り込ませた。

真崎は四時半過ぎには北一輝《きたいっき》、西田税《にしだみつぎ》などの仲間である亀川哲也《かめかわてつや》の来訪を受けて事件勃発を知らされ、すでに加藤寛治《かとうひろはる》海軍大将などと電話連絡をして善後策を話し合っていた。

磯部は真崎に走り寄った。

「閣下、統帥権干犯《とうすいけんかんぱん》の賊類を討つために蹶起しました。情況をご存知でありますか？」

真崎が後に有名になる言葉を吐くのは、この磯部への返答である。

丹生隊に占拠された陸相官邸

「とうとうやったか、お前たちの心はヨオッッわかっとる。ヨオッッわかっとる。宜《よろ》しきように取り計らうから」

「どうか、善処していただきます」

真崎はウムウムとうなずきながら官邸内に消えた。磯部も中に入る。皇道派に理解があると思われている山下奉文《やましたともゆき》少将もすでに姿を見せている。決起将校にとっては頼もしい味方の登場であった。

そして、ここでもう一つの事件が起こる。陸相官邸の玄関に押し寄せている将校の中に、陸軍省の片倉衷《かたくらただし》少佐の姿を発見した磯部が、いきなり少佐のコメカミに拳銃を発射したのだ。磯部がなぜ撃ったかは、一命を取り留めた片倉衷氏のインタビュー記事に詳しいのでここでは省く（二五八頁参照）。

陸相官邸の玄関口で決起将校の磯部に撃たれた片倉衷少佐

軍事参議官会議と大臣告示

川島陸相に会った真崎大将は、茫然自失の体でいた陸相に「戒厳令を布いて、早く事態を収拾しなくちゃならん」と怒鳴る。だが、川島陸相には決断がつかない。そして、官邸を逃げるようにして参内する。本庄繁侍従武官長の『本庄日記』によれば午前九時頃という。天皇はすでに事件の詳細をかなり知っており、陸相に、今回のことは精神の如何を問わず甚だ不本意である、「速やかに事件を鎮定せよ」といわれる。陸相はほうほうの体で退下した。天皇は朝の五時四十分頃に甘露寺侍従から事件勃発の奏上を受けたときから、断固鎮圧の意思を固めていたのである。

ところが、天皇の真意を正しく汲み取れなかった（?）川島陸相は、後刻開かれる軍事参議官会議でも鎮圧方針を明確に提案することができず、さまざまな問題を生む「大臣告示」の公布になってしまう。

宮中には軍事参議官たちが続々参内しはじめた。一番乗りは寺内寿一《てらうちひさいち》大将で、続いて真崎、荒《あら》木貞夫《きさだお》大将が参内、その後も陸軍省からの連絡で阿部信行《あべのぶゆき》、西義一《にしぎいち》、植田謙吉《うえだけんきち》、林銑十郎《はやしせんじゅうろう》の各

警視庁を占拠し、中庭で叉銃をして状況の進展を見守る決起部隊

大将が到着する。東久邇宮《ひがしくにのみや》、朝香宮《あさかのみや》両皇族軍事参議官も参内した。時刻はすでに正午近かった。そして午後一時頃から、陸軍大臣招集の非公式軍事参議官会議が開かれる。

正式な軍事参議官会議は天皇の諮問によって開かれるものだが、ここは陸相の招集だったから、会議というよりも私的な会合といったほうがいいかもしれない。このとき別室には香椎浩平《かしいこうへい》東京警備司令官、杉山元《すぎやまはじめ》参謀次長、山下奉文軍事調査部長、石原莞爾作戦課長たちが集まっていた。

大谷敬二郎の『昭和憲兵史』は、この軍事参議官会議で「大臣告示」が成文されるまでのいきさつを簡単・平易に記している。

《さて、宮中に集まった軍事参議官たちは、川島陸相より今朝来の事態について報告を聴取してから対策を協議したが、荒木大将の発言が有

力で大勢を支配した。荒木の意見は、

「刻下の急務は一発の弾もうたずに事を納めることである。この際、蹶起部隊に対しては、〃お前達の意図は天聴に達したことである、われわれ軍事参議官もできるだけ努力しよう、お前達は速やかに兵営に帰還し一切は大御心《おおみこころ》にまつべきである。お前達が引き揚げたのちにわれわれは国運の進展に努力することができる〃との主旨で説得することが大切である。もしも、一度あやまてば皇居の周囲で不測の戦闘がおこり、飛弾は宮城内にも落ちることは必然で、この辺もとくと考慮せねばならぬ」

というものだった。いわば、武力行使を避けて説得によって撤退せしめようとするものであった。参議官の空気はこれにおちついて、この説得のため一案を作ることになった》

原案は荒木貞夫大将が軍事調査部長の山下奉文少将に口授した案を、山下と軍事課長の村上啓作《むらかみけいさく》大佐が協議して作り、それに参議官たちからの修正を入れて決定されたものという。ところがこの「陸軍大臣告示」については数種類の内容が公表されており、どれが本当の原文であるかの論争（検証）は現在もおさまってはいない。しかし、現代史研究家の茶園義男氏が発掘した資料によれば、原文の内容は次のようなものだった。

陸軍大臣ヨリ

二月二十六日午後三時二十分

事件に参加した決起部隊1558名中、1月10日に入営したばかりの新兵は過半の1027名を数えた

東京警備司令部

一、蹶起ノ趣旨ニ就テハ天聴ニ達セラレアリ
二、諸子ノ行動ハ國体顕現ノ至情ニ基クモノト認ム
三、國体ノ真姿顕現（弊風ヲ含ム）ニ就テハ恐懼《キヨウク》ニ堪ヘス
四、各軍事参議官モ一致シテ右ノ趣旨ニ依リ邁進スルコトヲ申合セタリ
五、之レ以外ハ一ニ大御心ニ待ツ

山下少将は反乱軍幹部説得用にこの「陸軍大臣ヨリ」の原案を一部修正し、陸相官邸に行って決起将校たちに繰り返し読み上げた。その「陸軍大臣ヨリ」は次のような内容だった。

陸軍大臣ヨリ

二月二十六日午後三時二十分

東京警備司令部

諸子蹶起ノ趣旨ハ天聴ニ達シアリ　諸子ノ真意ハ國体顕現ノ至情ヨリ出タルモノト認ム　國体ノ真姿顕現ニ就テハ我々モ恐懼《キヨウク》ニ堪ヘサルモノアリ　参議官一同ハ國体顕現ノ上ニ一層匪躬ノ誠ヲ致スヘク其レ以上ハ一ニ大御心ヲ体スヘキモノナリ

以上ハ宮中ニ於テ軍事参議官一同相會シ　陸軍長老ノ意見トシテ確立シタルモノニシテ　閣僚

モ亦一致協力益々國体ノ真姿顕現ニ努力スヘク申シ合セタリ

われわれの「真意」は陛下のお心に達した——夕暮れを前にして決起将校たちの間にしばしの期待感が流れる。そして午後七時のラジオは、東京に戦時警備令が発令されたことを放送し、初めて国民に「二・二六事件」の勃発を知らせた。同時に「軍隊ニ対スル告示」も警備司令部から出され、決起部隊に二重の錯覚を与える。

一、第一師管内一般ノ治安ヲ維持スル為本日午後三時第一師管戦時警備ヲ下命セラル

二、本朝来出動シアル諸隊ハ、戦時警備部隊ノ一部トシテ新ニ出動スル部隊ト共ニ師管内ノ警備ニ任ゼシメラルルモノニシテ軍隊相互間ニ於テ絶対ニ相撃ヲナスベカラズ

三、宮中ニ於テ大臣等ハ現出動部隊ノ考ヘアル如キコトハ大イニ考ヘアリシモ今後ハ大イニカヲ入レ之ヲ実行スル如ク会議ニテ申合ハセヲナセリ

さらに続けて東京警備司令部は「師戦警第一号」「師戦警第二号」を発令して「本朝来出動シアル」決起部隊をそれぞれ歩兵第一連隊長と第三連隊長の指揮下に入れ、他の警備隊とともに市内の治安に任ずべしと下命する。午後七時二十八分である。何とも奇妙な命令であった。反乱部隊が警備部隊に編入されて市内の治安を守るというのだ。

高橋正衛氏は『二・二六事件』に書いている。

「しかしともかく、『大臣告示』とこの『警備令』とで、蹶起部隊は賊軍ではなく官軍となった

岡田啓介首相、鈴木貫太郎侍従長、斎藤実内大臣ら３人の海軍大将を襲撃された海軍は、当初から反乱部隊断固鎮圧の方針で、横須賀鎮守府から軍艦で東京の芝浦桟橋に海軍陸戦隊を送り、海軍省や市内の警備に当たらせた。写真は芝浦に上陸した陸戦隊

芝浦の岸壁からトラックで霞ヶ関の海軍省に向かう海軍陸戦隊

噂や伝聞で事件を知った人々で埋まった海軍省前

事件の中核となった歩兵第３連隊前を警備する警備隊の交替風景（２月26日）

のである。そして一日分だけの食糧を携行して兵営を出た叛乱軍は、原隊からの食糧によって食事をするにいたった。二十七日午前までは、叛乱軍にとって事態の進行はあまりにも好調であった」

決起将校の大部分が、情勢は我等に有利と判断したのも当然であろう。しかし、実際の情勢は彼等将校の期待とは反対に断固鎮圧で進んでいたのである。石原莞爾大佐を中心とする参謀本部は、第一師団の佐倉連隊、甲府連隊に出動を命じ、宇都宮の第一四師団に続いて、仙台の第二師団にも出動令をかけていたのだ。海軍も横須賀の陸戦隊を東京・芝浦に上陸させ、土佐沖で演習中だった連合艦隊にも急遽、東京湾と大阪湾の警備を命じていた。

そして、戒厳令布告の準備も着々と進められていたのである。

二月二十七日 戒厳令下の帰順工作

革新政府樹立で深夜の石原・橋本会談

二月二十七日午前一時三十分、岡田内閣は総辞職した。

この時までに岡田の生存を確認していた者が少なくとも三人はいた。秘書官の福田《ふくだ》耕《おさむ》氏と迫《さこ》水久常《みずひさつね》氏、それに小坂慶助《こさかけいすけ》憲兵曹長である。しかし、一般には襲撃部隊の発表通りに、岡田首相は殺害されたと信じられていた。そのため内閣は後藤文夫《ごとうふみお》臨時首相代理の手によって総辞職したのである。

三島の野戦重砲第二連隊長であった橋本欣五郎《はしもときんごろう》大佐は二十六日朝の五時頃には東京の林広一からの電話で事件を知った。ほとんど、事件発生と同時くらいの早さであった。

橋本大佐は旅団長広野太吉《ひろのだいきち》少将から、二十七日朝方までに帰るという条件つきで上京の許可を得た。いろいろ手をつくして、二十六日深更、参謀本部作戦課長石原莞爾大佐と憲兵司令部で会

首都の中心部が交通遮断されたため、大渋滞を来している東京の新橋駅周辺

談する運びとなった。

石原大佐は、決起部隊を承認するかあるいは討伐するかの決定に参加できる立場にあったし、また討伐と決定したらその実施を命令する立場にあった。しかし、会談を始めた段階では決起部隊に対する軍の態度は最終的に決まっていなかった。昨日来、決起部隊は戦時警備部隊に合流させせられているし、また陸軍大臣告示によって軍としては決起部隊の行動を是認していた。情勢は決起部隊に有利に動いているかのような印象を与えていた。

石原・橋本会談はそうした決起部隊に有利な情勢をどうやって固めていくかというためのものであった。そこでは次のような話し合いが行われた。

「**橋本**　陛下の仰せらるるいわゆる反乱軍なるものを、あなたは攻撃する気か、あるいは

首都の警備のため、急遽上京した水戸の歩兵第２連隊

攻撃したくないのか、あなたの考えをききたい。

石原　じつは攻撃したくないんだよ。しかし、降参せぬ以上は、とどのつまりは攻撃せねばならぬようになってしまうだろうが……。

橋本　わかった。それなら僕が一案を提出するが、ひとつ賛成してくれませんかネ。すなわち陛下に直接奏上して反乱軍将兵の大赦をおねがいし、その条件のもとに反乱軍を降参せしめ、その上で軍の力で適当な革新政府を樹立して時局を収拾する。この案をあなたはどう思いますか。

石原　賛成だ。やってみよう。だが、このことたるや、事まことに重大だ。僕一人の所存できめるわけにはいかぬ。いちおう参謀次長の了解を受けねばならぬ。次長はあの

赤坂の街を行く警備交替部隊。手前のサイドカーは海軍陸戦隊の連絡兵

部屋にいるから相談してくる。待ってくれ。

石原大佐は気軽に次長の部屋に行った。僕は大佐の部屋で待っていた。ものの二十分もたったかと思うころ、大佐が帰ってきて、杉山次長も賛成だからやろうじゃないか、ということに話がきまった」（橋本欣五郎が死の床で語った「口述筆記」。田々宮英太郎『二・二六叛乱』所収）

このあと、二十七日午前二時頃、橋本と石原は帝国ホテル玄関応接間で再び会談した。この時は満井《みつい》佐吉《さきち》中佐が同席し、後から亀川哲也が加わった。決起部隊と気脈が通じている満井や亀川を通じて、「大赦」と引き換えに降参するよう交渉を依頼したのであった。

両者はそれを引き受け、村中孝次に話した。「北と西田の説得は引き受ける」という亀川の言葉に村中は撤退の意向を固めた。

村中は同志に「同志部隊を歩一に引揚げよ

決起部隊に「理解」を示す革新派将校の一人、橋本欣五郎大佐

う、皇軍相撃は何と云っても出来ぬ」と図った。磯部は「激語して断然反対」し、「皇軍相撃が何だ、相撃はむしろ革命の原則ではないか　若し同志が引きあげるなら　余は一人にても止りて死戦する」と主張した（引用は磯部浅一『行動記』から。河野司編『二・二六事件　獄中手記・遺書』所収）。

　村中とは別に満井中佐も磯部に撤退勧告した。彼は「維新大詔渙発と同時に大赦命が下る様になるだらふから一応退れ」と勧告した（磯部『行動記』）。

　維新大詔とは、前日、陸軍省軍事課長村上啓作大佐が部下の岩畔《いわぐろ》豪雄《ひでお》少佐に命じて草案を書かせ川島陸相にも一部を見せていた。二十六日の午後三時過ぎのことである。安藤大尉もこの大詔渙発の件はすでに二十六日に聞いたし、内閣が辞表を出しているので副署ができず遅れていると説明を受けた（二十八日正午には当の村上大佐から詔勅の原稿を見せられて、「ここまでできているから」と撤退の勧告に応じるように説得された）。

　石原と橋本が帝国ホテルで二度目の会談をしていた頃、午前二時四十分、枢密院は戒厳命の施行を決定し、同三時五十分東京市に戒厳令が公布された。戒厳司令官には東京警備司令官香椎浩

戒厳司令部になり、憲兵隊に守られた東京千代田区九段下の軍人会館

平中将が任命された。

戒厳令には川島陸相は反対し、杉山元参謀次長が強硬に主張して実現した。戒厳司令部は最初は三宅坂に置かれ、午前六時から九段下の軍人会館に移された。

午前四時四十分戒作命第一号が発せられ、同八時十五分戒厳司令部告諭第一号が発表された。どちらにも決起部隊とか反乱部隊とかいう文字はなかった。

告諭には「（戒厳令は）帝都附近全般の治安を維持し緊要なる物件を掩護すると共に赤系分子等の盲動を未然に防遏《ぼうあつ》するの目的に出づ」とだけあって、決起（あるいは反乱）部隊の鎮圧云々という表現はいっさいなかった。

午前八時二十分、天皇は奉勅《ほうちょく》命令を裁可した。決起部隊を原隊に戻せという戒厳司令官に対する命令である（しかし、この命令は正式には二十八日午前五時八分に発令されたから、二十七日中はその効力はなかった)。

午前十時頃、西田税が首相官邸にいた磯部に電話した。磯部の『行動記』にはその模様が次のように出てくる。

「余は簡単に『退去すると云ふ話しを村中がしたが、断然反対した。小生のみは断じて退かない、もし軍部が断圧《ママ》する様な態度を示した時には　策動の中心人物を斬り、戒厳司令部を占領するのみだ』と告げる　氏は『僕は亀川が退去案をもって来たから叱っておいたよ』といふ、更に今御経が出たから読むと云って『国家人なし　勇将真崎あり　国家正義軍の為めに号令し　正義軍速かに一任せよ』と霊示を告げる　余は驚いた『御経に国家正義軍と出たですか　不思議ですね　私共は昨日来、尊王《ママ》義軍と云っています』と云ひて神威の厳粛なるに驚き　且つ快哉を叫んだ」

西田が磯部に告げた霊告というのは北一輝に宿ったものであった。

磯部はこの電話が終わった時、ちょうど村中、香田が来たので、電話の内容を話し、「真崎に依頼しようと云ふことを相談し各参議官の集合を求める事にした」(前掲書)

決起軍占拠のなか岡田首相が官邸脱出に成功

午前中、首相官邸には弔問客が相次いだ。栗原中尉を指揮官とする決起部隊の将校は、彼らを丁寧に遺体の安置してある日本間に案内した。憲兵の下士官が四、五人やってきて、官邸の警備についた。表玄関に二人、遺体のある日本間と官邸を往来する境界の廊下に一人という具合だった。栗原中尉はそのことについて何もいわなかった。また憲兵も決起部隊に対して丁重だった。「明倫会の田中国重《たなかくにしげ》大将や高官連中も多数やってこられた。田中大将は私達にねぎらいの言葉をかけて下さった。皆一様に我々の行動を是認する話であった」

「私は海軍大将百武三郎《ひやくたけさぶろう》閣下と岡田首相の甥であるという岡田海軍中佐を首相の御遺体の安置してある日本間の座敷に案内したことを覚えている。百武大将は帰り際に私が敬礼すると、ゆるやかに答礼しながら、私の顔を穴のあく程、じっと見詰めておられた。頭の先から足の下まで眺めまわされているような気がした。百武閣下は私の東京府立六中時代の同級生仲安君の父君である。……岡田中佐を案内したとき、私は中佐の後に憲兵と一緒に控えていた。岡田中佐が御遺体の顔の白布を取り除いてから礼拝していたが、何かあわてて白布を元にもどしあたふたと帰って行った」(池田俊彦著『生きている二・二六』)

海軍省は前日、福田耕・首相秘書官に電話をかけ、「(岡田)海軍大将の遺骸を、反乱軍の包囲の中に置くことは忍び難いことです。あなたがグズグズしておるならば、海軍は実力を以って引き取りますから、左様ご了承願います」と強硬に申し入れた。そのときすでに福田秘書官は首相の生存を確認していたので「明日の午前中には、必ず何とか処置致します」と答えた。

救出作戦は陸軍大臣秘書官小松光彦大佐から紹介があった千葉中佐と小坂憲兵曹長の三人が中心となって行うことになった。福田氏と千葉中佐は栗原中尉とかけあい、遺族や親戚の弔問の許

「反乱軍」の侵入に備えて海軍省を警備する横須賀海軍陸戦隊

可をとった。そして、弔問客に年寄りばかり一〇人を集め、どんなに驚くべきことがあっても声を出さないということを誓わせた。

「一同は……私が先頭で、総理大臣官邸の日本間の門をくぐり、遺骸安置の室へと案内した。反乱軍の巡回の切れ間を見計らって、その部屋の外に立っている小倉憲兵の合図で、女中部屋の付近に佇んでいる青柳憲兵が、総理を女中部屋から出す。その瞬間に玄関の小坂憲兵は、さも病人をいたわるように、総理を抱えるようにして出す。小坂憲兵は、遺骸をみちゃあいかんといったのに、驚天したんだ、困った老人だとののしる。門のところに立ち番している反乱軍へのジェスチャーであった。病院までだ。その自動車を、早く早くと小坂憲兵が手近の自動車を呼び入れた。私と小坂憲兵と青柳憲兵とで、病人をかかえて自動車に入れる。僕も飛び乗る。自動車は動き出す。一瞬の出来事である」（福田耕「包囲下の首相官邸」『人物往来』一九五三年二月号所収）

午後一時二十七分、小坂憲兵はこの脱出の時間を確認した。岡田首相は本郷の真浄寺に身を隠した。首相はただちに参内して陛下にお詫びをしたかったが、二十七日中には実現しなかった。

奉勅命令下達決定で真崎大将、帰順を説く

決起部隊の要求に応じて、真崎大将は陸相官邸で決起将校一同に会った。決起将校のうち栗原中尉と林少尉だけは姿を見せなかった。その正確な時間はわからない。磯部は午後二時頃と記し、首相官邸襲撃組の池田少尉は午後三時と言い、戒厳参謀松村《まつむら》秀逸《しゅういつ》少佐は午後五時と記録し

ている。真崎は最初一人でやってきたが、立会人が必要だというので大将連中が集まっている偕《かい》行社《こうしゃ》に電話して阿部信行、西義一の両大将に来てもらった。

もっとも、池田少尉の記憶では全軍事参議官が出席していた。「私はあの時の林大将の青ざめて俯《うつむ》いていた顔が印象的であったことを覚えている」とし、「軍事参議官、山下少将、山口大尉などと我々の首脳部は、二十六日夜会見して激論を戦わせているので、この時と二十七日夜の全員会見とが混同しているに違いない」（池田・前掲書）と書いている。

では、会見の模様はどうであったか。池田氏の著書から引用しよう。

「先《ま》ず野中大尉が一同を代表して、事態の収拾を真崎大将にお願いするということと、統帥系統を通じて陛下に我々の真情を申し上げて欲しいと陳情した。これに対して真崎大将は、次のような意味のことを言った。

諸君等は我々軍事参議官に色々と要望しているが、元来軍事参議官というものは陛下の御諮《し》詢《じゅん》なくして事を申し上げることは出来ないものだ。我々は国を思う余り、自発的に努力してきたけれども、我々が諸君の念願を引き受けて陛下に申し上げたり、また軍に指図することは出来ない。

これに対して我々の首脳部の何人かが、そのことはよく分かるけれども、国家非常の際、格別の御尽力をお願いしたいと他の参議官に対しても一様に御願いをした。

この時、阿部大将は、皆一緒になって行動をする。真崎がやるというならそれでいいと言うよ

安藤隊が立てこもる赤坂の料亭「幸楽」と警備の決起兵

うな話をされた。荒木大将も西大将も何か一言言われたようだ。雄弁な荒木大将は何故か余り話をされなかった。

次いで真崎大将は長々と事情を述べられ、ここ迄やったのだから諸君は速かに兵を引くべきだと言われ、これだけ言っても順逆を誤るような行動に出れば、自分が第一線に出て君達を攻撃する。どうか聯隊長の命令に服し、部隊を撤退させてくれと言われた。

野中大尉は、命令が出れば誓って違背するようなことはいたしません、とはっきり答え、さらに軍事参議官の力によってなんとか御尽力願いたいと申し上げた。これに対しては各軍事参議官ともども感謝し、必ず努力すると申された」

このときすでに真崎大将以下各軍事参議官は、すでに奉勅命令が天皇陛下によって允裁《いんさい》され、明二十八日午前五時に発令されることを知っていた。発令が延ばされたのは、杉山参謀次長が「皇軍相撃つことを避くるため、軍事参議官が部隊長と共に説得中につき、戒厳司令官に命令交付の時機は、参謀総長に御委任下さるよう」言上《ごんじょう》して許しを得ていたからである。

天皇は前日来の硬化した態度を崩していなかった。本庄侍従武官長は決起将校を弁護する形で、その国を思う精神を認めてほしいという旨のことを再三再四申し述べた。武官長はこの日天皇の前に進むこと一三回に及んだ。そのたびに天皇は決起部隊の鎮定を督促し、武官長があれこれ言い訳するので、天皇はついにたまりかねて、「朕自ラ近衛師団ヲ率ヒ、此ガ鎮定ニ当タラン」（本庄繁『本庄日記』）とまで言い切った。

侍従武官長・本庄繁陸軍大将

午後四時、旗艦「長門」が率いる四〇隻の第一艦隊が東京湾御台場沖に到着し、一斉に砲を永田町一帯に照準した。真崎大将と決起部隊の将校たちとの会見が終わった頃には「甲府や千葉の部隊も続々上京してきた。重砲は日比谷に砲列を布いたし、戦車もやってきた。飛行機も出動準備にかかっていた」（松村秀逸「奉勅命令と石原莞爾の勇断」『日本週報』一九五七年三月一日号所収）。

午後四時五十九分、秩父宮が勤務地の弘前か

参謀次長・杉山元中将

戒厳司令官・香椎浩平中将

ら上野駅に到着した。すでにこの決起の背後には秩父宮がいるという噂が宮中や軍の間に流れていた。

　夜に入った。決起部隊は「午后になって宿営命令が発せられたのですっかり安心して」いた（磯部『行動記』）。決起部隊は戒厳令公布と同時に自動的に戒厳部隊に組み入れられていたのである（「二月二十六日戦時警備下令せらるるや蹶起部隊は第一師団の隷下に於て小藤支隊として編成せられ、小藤大佐の指揮に属し、戒厳令宣布せらるるや、引続き小藤部隊として第一師団の隷下に属し、南部麹町地区警備の任を受く」〈村中孝次「続丹心録」河野司編『二・二六事件　獄中手記・遺書』所収〉）。

　野中部隊は鉄道大臣官邸に、鈴木部隊は文部大臣官邸、清原部隊は大蔵大臣官邸、栗原部隊と中橋部隊は首相官邸、田中部隊と磯部は農林

警視庁が決起部隊に占拠されてしまったため、神田区の錦町警察署に移された警視庁本部

戒厳令司令部となって、ものものしい警備態勢に入った九段下の軍人会館（現・九段会館）周辺

大臣官邸、丹生部隊は山王ホテル、安藤部隊は赤坂の料亭「幸楽」に宿営した。支隊本部は鉄道大臣官邸に置かれた。

午後八時半、香椎戒厳司令官は参内し、「明二十八日の早い時間に平和に解決できると思われますが、万全を期し二十八日夕までには解決いたす覚悟です」と上奏した。

午後十一時頃、首相官邸が襲撃されるという風説が流れた。磯部はこの風説を重視し、偕行社や九段の軍人会館（戒厳司令部がある）への逆襲を提案した。「栗原に出撃の時機方法を考究しようとの旨を連絡した所、林八郎がやって来て『吾々は戒隊《ママ》令下にあるから戒厳軍隊を攻撃すると云ふ様なことはあるまい』と云ひて、出撃問題は立ち消えとなる、（当夜は、各部隊とも安心して休宿した事を後になって知った）」（磯部『行動記』）ということで暮れていった。

二月二十八日 奉勅命令下達さる

大揺れの「討伐断行」決定

二月二十八日の午前零時を少し回った頃、歩一の山口一太郎大尉は電話のベルの音で我にかえり、受話器に手を伸ばした。相手は同期の柴有時《しばありとき》大尉であった。柴大尉はこのとき、陸軍戸山学校付で臨時戒厳司令部勤務についていた。

「オイッ、夜が明けたら奉勅命令が下達されるぞ」

山口大尉はただちに上官である歩一連隊長小藤恵大佐に報告した。同時に小藤大佐と鈴木貞一《すずきていいち》大佐（相沢公判の特別弁護人として内閣調査局調査官に出向）を急《せ》かせ、三人は九段の戒厳司令部に香椎浩平司令官を訪ねた。そして山口大尉は涙を流しながら、香椎中将に奉勅命令下達の延期を懇願した。

戒厳参謀だった松村秀逸少佐は、そのときの山口大尉の言葉を『三宅坂』に書いている。

警備兵に固められた戒厳令下の東京

「今、陸相官邸を出て、陸軍省脇の坂を下り、三宅坂の寺内銅像の前にさしかかると、バリケードが作ってあった。半蔵門からイギリス大使館の前にかけて、部隊が屯《たむろ》している。戦車も散見する。

あのバリケードは何のためのバリケードだろうか？　あの部隊は、何のための部隊だろうか？　そうして、物かげにかくれている戦車は、どんな意味だろうか？　聞くところによれば明日蹶起部隊の撤退を命じ、聞きいれなければ、これを攻撃されるという。

蹶起部隊は、腐敗せる日本に最後の止めを刺した首相官邸を、神聖な聖地と考えて、ここを占拠しておるのである。そうして、昭和維新の大業につくことを要望しておるのに、彼等を分散せしめて、聖地と信じておる場所から撤退せしむるというのは、どういうわけであろうか。（略）

皇軍相撃つということは、日本の不幸、これより大なるはない。同じ陛下の赤子《せきし》である。皇敵を撃つべき日本の軍隊が、銃砲火を相交えて、互に殺戮《さつりく》しあうなどということが、許されるべきことであろうか。

今や、蹶起将校を処罰する前に、この日本を如何に導くかを、考慮すべき秋《とき》である。

昭和維新の黎明は近づいている。しかも、その功労者ともいうべき皇道絶対の蹶起部隊を、名づけて叛乱軍とは、何ということであろう。どうか、皇軍相撃つ最大の不祥事は、未然に防いで頂きたい。奉勅命令の実施は、無期延期として頂きたい」

松村少佐の自著によれば、山口大尉が〝懇願〟をしているとき、香椎中将はボーイに茶菓子を

部下に訓示をする山王ホテルを占拠した丹生誠忠中尉（左端手前）

運ばせたりして、しきりに山口大尉の興奮を鎮めようとしていたという。

しかし、そのときの香椎中将の受け取り方はニュアンスを異にする。中将の「私記」にはこう書かれている。

「夜半頃、柴大尉が山口大尉を伴ひ司令官室に入り来る。

『皆々昂奮しありて手におへぬ故、山口を伴ひ来れり』と云ふ。

山口を見れば、疲労に昂奮の絶頂にあるものの如くなりしを以て、側《そば》のソファーを指し、暫時《しばし》安坐して冷静に返れと命じたる程なり。

其後、彼は奉勅命令が下れば、叛乱軍は突き出るならん、とか、又は山口自身之れ以上説得せんとせば、栗原等は山口を殺し、其屍《しかばね》を乗り越へて宮城に向ふならん、などと口走り、言辞も取り止めなし。

予は軽く之を受け、単に承り置く程度に止めしが、彼は時を経て再び司令官丈けとの五分間対談を求めたり。予は之に応ぜしも、得る処なし。

第三回の五分間対談申込は之を拒絶し、柴に命じ引取らしめたり。小藤大佐も来りありしが、疲労や何かで茫然たる有様なりき」（香椎研一編『香椎戒厳司令官　秘録二・二六事件』）

このとき、山口大尉らの「涙ながらの懇願」と香椎中将の度重なる「五分間対談」を聞いていたもう一人の戒厳参謀がいた。参謀本部の作戦課長でもある石原莞爾大佐である。それまでテーブルの端の方で黙って聞いていた石原大佐は、突然立ち上がり、静かな声で言った。

「ただちに攻撃。命令受領者集まれ」

そう言うと、石原大佐は部屋を出、ドアの前で各隊の命令受領者に対して「軍は、本二十八日正午を期して総攻撃を開始し、反乱軍を全滅せんとす」と、高らかに謳《うた》いあげた。続けて、爆撃隊の出動、重砲による砲撃、地上部隊の攻撃要領などを伝達する。

ふたたび松村少佐の『三宅坂』を見よう。

「命令の下達を終った石原さんは、側にいた小藤大佐と満井中佐を顧みて、

『奉勅命令は下ったのですぞ、御覧の通り、部隊の集結は終り、攻撃準備は完了した。飛行機も、戦車も、重砲も参加します。降参すればよし、然らざれば、殲滅する旨を、ハッキリと御伝え下さい。大事な軍使の役目です、さア行って下さい』

左右の手で、両軍使の首スジをつかまえて、階段の降り口の方へ押しやった」

決起部隊に占拠された首都・東京の中枢をパトロールする海軍陸戦隊の装甲車

午前五時八分、奉勅命令は香椎戒厳司令官によって公布された。このときから「戒作命第一号（二月二十七日午前四時四十分）」によって麴町地区警備隊（隊長は小藤歩兵第一連隊長）に編入されていた決起部隊は、一転して反乱軍となったのである。

臨変参命第三号
戒厳司令官ハ三宅坂附近ヲ占拠シアル将校以下ヲ以テ速ニ現姿勢ヲ撤シ各所属部隊長ノ隷下ニ復帰セシムベシ
奉　勅
参謀総長　載仁親王

奉勅命令下達で必死の攻防

奉勅命令下達の噂は各部隊へと流れた。首相官邸占拠に加わっていた対馬勝雄中尉は、早朝、陸相官邸において村中孝次、香田大尉、竹嶌中尉等とともに、山口大尉からこれまでの状況を聞いていた。山口大尉は二時間にわたり戒厳司令官を説得し続けてきたいきさつを話し、みんなの前で頭を下げた。

「すまなかった。及ばなかった。今日の早朝に柴大尉から情勢の急変悪化したのを聞いて、種々努力したが、如何ともいたしかたもない」

村中、香田、対馬、竹嶌の四名は、さらに師団長を説得すべく、師団司令部へ赴いた。応対に出てきた堀丈夫《ほりたけお》師団長は、「未だ、奉勅命令は師団には下達されていない」と四名に伝える。対馬中尉はその後も、噂では奉勅命令の下達を聞きながら、ついに正式にはその命令に接しなかったという。

その後、村中は戒厳司令部から第一師団に「奉勅命令は今、これを実施する時機ではない」という通報があったことを知らされ、〈ああ、これで今朝がたからの努力が酬いられた〉と喜んだ。

午前七時半頃、満井佐吉中佐は香椎戒厳司令官の斡旋で川島陸軍大臣、杉山参謀次長に「重要な進言あり」として、強硬に会見を申し入れた。その結果、八時頃から満井中佐を囲んで陸軍首脳部の協議が戒厳司令官室において実施された。出席したのは陸軍大臣、次官、軍務局長、参謀次長、軍事参議官代表の林、荒木両大将であった。この席上、満井は情況説明を行うと同時に「維新の実現」を強く説いた。香椎司令官は「軍隊相撃ち、流血の惨事を避けるためには、昭和維新の断行に関して聖断を仰ぐか、あるいは流血、皇軍相撃の惨事を見るかのいずれかである」

戒厳司令部になっている九段下の軍人会館を守る警備隊

という石原大佐の起案とする上奏案を読み上げた。

この時点では、香椎中将はまだ彼ら決起将校に対して共感の念を持つと同時に、もう一度、聖断を仰ぎ、なんとか決起将校らを救おうとしていた。しかし、それも杉山次長、安井戒厳参謀長の強硬な「断然攻撃すべし」という意見の前に、ついに聖断を仰ぐための上奏を断念することとなり、ここに「討伐の断行」が決定したのである。

香椎戒厳司令官の決断を待っていた石原参謀は、ただちに攻撃開始を命令しようとしたが、安井参謀長は石原を制した。

「未ダ奉勅命令ニ対スル小藤大佐ノ伝達及其後ノ状況ヲ知ルヲ得ズ。攻撃開始ハ奉勅命令徹底後ニ於テスルヲ至当ト考ヘ、先ズ第一師団長（堀丈夫中将）ヲ招致ス。時ニ十時四十分頃ナ

歩1、歩3と隷下の連隊から決起部隊を出した第1師団長・堀丈夫中将

リ」と。

堀第一師団長はただちに戒厳司令部へ呼ばれた。

「私としてはなんとか流血の惨事は避けたいと思う。従って奉勅命令の下達はしばらくの間、猶予してほしい。とにかくこれからただちに第一線に赴き、なんとか説得してみるから……」

と堀は香椎の承諾を得ると、ただちに陸相官邸に行き、決起将校の説得に努力した。

一方、戒厳司令部より参謀本部に帰った杉山は、堀、安井との会議が行われ、「討伐断行」が延期になったことなど知る由もなく、香椎戒厳司令官が討伐の決断をしたことを、参内して本庄繁侍従武官長に報告した。

『本庄日記』によれば午前十時（実際は十一時）頃という。しかしこのとき、武官府に戒厳司令部から討伐はすぐには実施されない旨の報告が届いた。安井戒厳参謀長と堀第一師団長の会談によって延ばされたのである。

「午前十時、杉山参謀次長参内シ、愈々武力行使断行ヲ奏上セントセシキトキ、又々戒厳司令部ヨリ、模様一変ノ為メ、暫ク武力行使ヲ見合スベク通知アリ」（『本庄日記』）

だが、杉山参謀次長はこのときすでに宮中を辞し、参謀本部に向かった後であった。そして帰着後、その意外な変化を知らされるのである。

杉山は記している。

「然るに十一時四十分に至り、第一師団より現態勢においては攻撃不可能なりとの報告あり」(『杉山メモ』)と。

奉勅命令下達で攻防が続いている丹生隊占拠の山王ホテル

戒厳司令部や参謀本部はこうして右往左往していたが、大御心、すなわち天皇の事件に対する態度は最初から決まっていた。決起将校の心情がどうであれ、側近を殺され、自らに歯向かったと考えられる彼等反乱軍に対しては、終始厳しい態度で臨んでいた。

自殺スルナラバ勝手ニ為スベク……

本庄繁侍従武官長は同日午後一時、川島陸軍大臣、山下奉文少将の来訪を受けた。山下は本庄侍従武官長に天皇への上奏方を依頼した。

「決起将校一同は陸相官邸にあって、自決して罪を謝し、下士官兵は原隊に復帰することになった。ついては勅使を賜り、死への旅立ちの光栄を与えてほしい。これ以外に解決の方法はない。又、第一師団長も部下の兵で、同じく部下の兵を討つことは耐えがたい。なんとかお願いしたい」

本庄は事件発生以来、決起部隊に同情的であるとして、天皇からたびたび叱責されている。とにかく申し上げてみようと、本庄は天皇に取り次いだ。天皇は大変な怒りようであった。

『本庄日記』を見てみよう。

「繁《シゲル》ハ、斯ルコトハ恐ラク不可能ナルベシトテ、躊躇《チユウチヨ》セシモ折角ノ申出ニ付、一応伝奏スベシトテ、御政務室ニテ右、陛下ニ伝奏セシ処《トコロ》、陛下ニハ、非常ナル御不満ニテ、自殺スルナラバ勝手ニ為《ナ》スベク、此ノ如キモノニ勅使杯、以テノ外ナリト仰セラレ、又、師団長ガ積極的ニ出ヅル能ハズトスルハ、自ラノ責任ヲ解セザルモノナリト、未ダ嘗《カツ》テ拝セザル御気色ニテ、厳責アラセラレ、直チニ鎮定スベク厳達セヨト厳命ヲ蒙ル。

固《モト》ヨリ、返ス言葉モナク退下セシガ、御叱責ヲ蒙リナガラ、厳然タル御態度ハ却テ有難ク、又

信頼する鈴木侍従長や岡田首相が襲われ、事件当初から断固鎮圧で揺るがなかった昭和天皇

当時の秩父宮殿下（昭和11年２月６日、青森にて）

条理ノ御正シキニ寧《ムシ》ロ深ク感激ス」

杉山参謀次長が参謀本部で〝討伐断行〟〝武力行使〟の報告をしている頃、秩父宮、朝香宮、東久邇宮等は事件を憂慮しつつ、真崎、荒木、阿部の各軍事参議官に伝えていた。

「下士官兵を斃《たお》すことは大御心ではない。もし昨夜来の説得に対して従わないものはしかたがないが、とにかく下士官兵は帰すようにせよ」

野中大尉、安藤大尉は秩父宮が歩三の第六中隊長時代に可愛がった部下たちである。歩兵第三連隊第六中隊は別名〝殿下中隊〟と呼ばれた中隊であり、秩父宮にとっては特別な思いのある中隊・連隊であった。

かつての部下（歩３第６中隊）が決起したという報告で、勤務する弘前の連隊から駆けつけ、上野駅に着いて宮中に向かう秩父宮殿下

歩兵第三連隊は事件勃発とともに、赤坂表町警察署の隣にあった赤坂区役所の一室に大隊本部を設置し、本江第一大隊長、森田第三中隊長（大尉）らが決起部隊との連絡を取り合っていた。大勢の決まってしまった今、なんとか流血の惨事を招くことなく帰順するようにと必死に説得を続けていた。

午後二時四十分頃、森田大尉へ電話がかかってきた。声の主は秩父宮であった。すぐ来いという命令で、森田は区役所の真向かいにある宮邸に参上した。秩父宮に会った森田は、現況の説明、参加部隊、特に歩三の情況を詳しく説明した。秩父宮はこの時になって初めて歩三の詳しい情況を知らされた。

「安藤、野中、坂井に高橋もか……」

と元部下たちのことを案じながらの意見交換が行われた。

「こうなった以上、野中や安藤を、時機を失せず、せめて軍人らしく死なせてやれ、決して反乱軍にはさせたくない」

さらにこの時の会見で秩父宮は、野中・安藤らの現役の軍人とは別に「部下を有せざる指揮官がいることは誠に遺憾である」と磯部浅一・村中孝次らの元軍人を指し、部外者とし、彼らに対しては区別すべきであることを指摘した。

会見の終わった森田は三時四十五分頃、宮邸を辞し、大隊本部へ戻った。森田はさっそく本江大隊長、渋谷歩三連隊長に対し、その会談の内容を報告した。

渋谷連隊長はただちに第一師団司令部へ森田を同道し、堀師団長に報告した。森田が大隊本部へ戻ってから約三十分が経過していた。

安藤・坂井部隊、出撃準備完了！

二十八日は早朝から奉勅命令の下達の真偽、そして帰順・徹底抗戦と、決起部隊とその周辺との動きは右へ左へと揺れ動いていた。

山下奉文少将はなんとしても流血の惨事は避けなければいけないと、鈴木・山口大佐らとともに決起将校に対し、「もはや奉勅命令も時間の問題で下達されるだろう、なんとか流血の惨事は避けたい」と必死に説得し、帰順してくれるように説いた。こうした説得で一時は大勢が帰順論に傾いた。しかし、磯部は激怒した。撤退反対、断固戦うという悲壮な覚悟をしている磯部は、

山王ホテルの屋上ポールに「尊皇討奸」の旗印を掲げた決起部隊

栗原をはじめ主要将校が帰順論（自決）で大勢を占めるや席を立ち、別室にこもり、「天地も裂けよ」と号泣した。帰順反対論は磯部だけではなかった。

最も激怒したのは安藤輝三大尉であった。もともと安藤は武力決起には反対で、今回の決起にあたっても武力使用に最後まで反対し続けた穏健派の一人であった。その安藤が最も強硬に反対した。安藤への情報は部下である坂井中尉によってもたらされた。坂井は陸相官邸での話し合いの状況と、自決を申し合わせたことに対する怒りを安藤にぶつけた。黙って聞いていた安藤の顔に怒りの表情があらわれてきた。

「栗原ともあろうものが、そんなことで自決して事を終わらせようと発言することはあまりにも軽率じゃないか！　また皆がそれに同調するとは情けない。自決はいつでもできるんだ。そんなことなら、決起する必要はなかったのだ。俺は今日のことも十分に予想した上で決起に踏み切ったのだ。今さら決心を変更する意志などない。

坂井！　我々だけで戦い抜こう。野中さんに〝安藤・坂井部隊出撃準備完了〟と高橋を派遣して報告させてくれ……」

陸相官邸では、磯部が必死になって徹底抗戦を呼びかけていた。ちょうどそんな時、彼らの信頼する北一輝、西田税から直接電話がかけられた。自決はするな、思いとどまれと説得される。

「幸楽」からは高橋が使者となり、安藤、坂井の決意が伝えられた。

「安藤・坂井部隊出撃準備完了！」という報告に、村中は今度は安藤を説得しに「幸楽」へ向か

「殿下中隊」と言われた事件直前の歩兵第３連隊第６中隊。中隊長の安藤輝三大尉（前から２列目の左から８人目）を中心に第６中隊の兵舎前での記念写真

った。

「安藤、形勢は逆転した。もう自決する以外はなくなったんだ。出撃などもっての外だ……」

「今になって何を言うんだ。村中さんともあろう人が、軍幕僚のペテンに乗って自決するなんて……。私の肚《はら》は決まっている。あんた方は自決しなさい。私はあくまで戦う」

村中は安藤の気魄に押され、陸相官邸に戻った。

大勢は逆転した。一度は自決・帰順と決まったことが、決戦となり、再び決起将校たちの意気は昂まった。

「さあ、決戦だ！」

将校たちは自分の意志を伝えるためにも各所で街頭演説を行った。あるいは軍歌をうたい、万歳、万歳と叫んで気勢をあげた。

当時第六中隊の伍長勤務上等兵だった前島清

さんは「手記」に記している。

「我々が悲壮な気持で戦闘準備にかかった頃、幸楽の前には民衆が黒山の如く集まり口々に『我々も一緒に闘うぞ、行動を共にさせてくれ』と叫んでいた。丁度歩一の栗原中尉がきていたので、彼は早速民衆に対して一席ブッた。

『皆さん！　我等のとった行動は皆さんと同じであなた方にできなかったことをやったまでである。これからはあなた方が我々の屍を乗越えて進撃して下さい。

我々は今や尊皇義軍の立場にありますが、これに対し銃口を向けている彼等と比べて、皆さん方はいずれに味方するか、もう一度叫ぶ、我々は皆さんにできなかったことをやった。皆さん方は以後我々ができなかったこと、即ち全国民に対する尊皇運動を起してもらいたい、どうですか、できますか？』

すると民衆は異口同音に、『できるぞ！　やらなきゃダメだ、モットやる』と感を込めて叫んだ。

続いて安藤大尉が立ち、簡単明瞭に昭和維新の実行を説いた。民衆は二人の演説に納得したのか万歳を叫びながら徐々に散っていった」（『郷土兵』）

決起将校たちは、ここで各行動部隊の下士官兵に向けて檄文を発する。

檄　文

尊皇討奸の義軍は如何なる大軍も兵器も恐れるものではない。又如何なる邪智策謀をも明鏡によって照破する。皇軍と名のつく軍隊が我が義軍を討てる道理がない。大御心を奉戴せる

軍隊は我が義軍に対して全然同意同感し、我が義軍を激励しつつある。全国軍隊は各地に蹶起せんとし、全国民は万歳を絶叫しつつある。

八百万の神々も我が至誠に感応し加護を垂れ給ふ。

至誠は天聴に達す、義軍は飽《あ》くまで死生を共にし昭和維新の天岩戸《あまのいわと》開きを待つのみ。

進め進め、一歩も退くな、一に勇敢、二にも勇敢、三に勇敢、以て聖業を翼賛し奉れ。

昭和十一年二月二十八日

維新義軍

安藤大尉、上官への訣別の辞

歩兵第三連隊第一大隊長の本江少佐は安藤・野中の直属の大隊長ではない。第三大隊長天野少佐も同様である。直属は第二大隊長伊集院兼信《いじゅういんかねのぶ》少佐である。伊集院は部下である二人の中隊長のみか、大隊指揮下の三分の二以上の兵力が連れ出されたのだ。その心中は察するに余りある。

伊集院少佐は歩三の将校団会議で悲壮な決意を述べる。

「この事件で兵を殺してはならぬ。歩三将校の不始末は歩三の将校団でつける。われわれで安藤と野中を殺すのだ。それより兵を生かして帰す方法がない」

責任を感じ、安藤・野中と刺し違える覚悟であった。

伊集院少佐ら歩三の将校団との会議を終えた森田大尉は渋谷連隊長とともに「幸楽」の安藤を

ニュースを聞いて麻布の歩兵第３連隊営門前に集まった人々

訪れた。夕方五時である。「幸楽」では、戦闘準備中であった。

森田大尉は秩父宮との会談の内容を安藤に告げ、野中にも舞伝男《まいでんお》参謀長が同様のことを伝えたことを説明した。

続いて渋谷連隊長が「すでに奉勅命令が正式に下達された」ことを告げ、安藤大尉に何とか兵を連隊に帰すように説得を繰り返した。そして歩三将校団の会合についても触れ、伊集院少佐のことも告げた。

磯部浅一の獄中記『行動記』にはこうある。歩三出身の某大尉とは森田大尉のことだ。

《一、野中大尉のもとへ歩三の某大尉が来て、チ、ブの宮殿下の御言葉として、青年将校は最後をキレイにせねばならん、蹶起部隊に部外者が参加することは遺憾だなど、数ケ条のことを伝えたのは本夜の出来事であ

通行止めになった田村町（現在の西新橋）付近の様子

った。

二、安藤の所へは歩三出身の某大尉が来て「今、歩三で会議があって、安藤はチ、ブの宮殿下の御言葉もキカナイから殺そう、然し他の将校団の者に殺させてはならぬから、歩三の将校で殺すことにしようと云ふことがきまった」と伝えて呉れる》

瞑目して二人の話を聞いていた安藤は、

「連隊長殿、奉勅命令は野中大尉以下決起部隊の将校はだれも見ておりません。もし正式に出されているのならば、総長宮殿下のご署名入りの命令文書を確認させて下さい。それがない以上、私たちは奉勅命令の下達は信じることができません」

と言った。そして続けた。

「連隊長殿にも、森田さんにもまことに申しわけありませんが、決起に踏み切ってから今日ま

奉勅命令下達で揺れる山王ホテルを固める反乱部隊となった決起部隊

で、私の気持ちにはいささかの変化も動揺もありません。また今後とも絶対に変わらないでしょう。

安藤は千早城に立て籠った楠木正成《くすのきまさしげ》になるつもりです。その頃、正成は逆賊扱いをされていましたが、正成が評価されて〝無二の忠臣〟として讃えられるようになったのは、彼が死んでから何百年も経った後のことです。

私は今、逆賊、反乱軍といわれ、やがては殺されるでありましょう。しかし、正成と同じように何十年、あるいは何百年か経った後に、国民が、また後世の歴史家が、必ず正しく評価してくれるものと信じています。

秩父宮殿下、連隊長殿、森田さんのお気持ちに背いて、まことに申しわけない限りですが、今度ばかりは安藤の信ずるままに行動させて下さい。これが安藤最後の願いであります」

「連隊長殿、短いご縁でした。悪い部下で申しわけありません。森田さん、歩三のことをくれぐれも頼みます……」

その夜、坂井隊は陸軍省、参謀本部付近の防衛に任ずるため、「幸楽」を移動。安藤隊も「幸楽」は戦闘のためには不利と考え、丹生中尉と連絡をとり山王ホテルへ移動した。夜十時過ぎであった。

戒厳司令部、ついに武力鎮圧決定

戒厳司令部は正午過ぎに将校は自決し、大命に従い、下士官兵を陛下に返上するという報告を受け、一様に安堵した。

しかし、午後二時を過ぎてもそれ以上の報告はなく、その後どのように推移したのかの情報には誰も接していなかった。

司令部内は平和裡に解決したことを喜び、彼等の部下将校の自刃を悲しみつつ悲喜交々した雰囲気に包まれていた。何も報告がないことに我慢し切れず、師団参謀長を電話に呼び出し報告を求めた。

しかし、回答ではこれといった新しいことはなく、一層イライラを募らせた。その後三時を過ぎても何の報告もない。師団長はすでに師団司令部に帰っていたので、再び戒厳司令部に呼び出した。師団長は奉勅命令に基づいて、大命に従い、集結には時間がかかるが、再び蜂起するようなことはないと信じている、と言って立ち去った。

午後四時になり、事態の急変が「昼食後に至り形勢一変寝返りせり」「将校以下下士官兵も興奮狂気の如き心裡にあり」「奉勅命令は徹底せず」と報告された。

戒厳参謀長である安井藤治《やすいとうじ》少将は激怒した。

「これで万事休すだ。今日まで一生懸命苦労してきた司令部の努力も、昼頃までの歓びもすべてが水泡に帰してしまった。司令官の三日にわたる好意に対し、また勅命に背くような事態に至っては、もはや皇軍とは言えない。あいつらは犬畜生だ」

ただちに攻撃しようと思ったが、夜になり、市街戦を行えば一層悲惨な状況になると考え、明二十九日早朝の武力行使を決め、周辺住民の立ち退きなどの準備を指令した。

夕刻、阿部、西両大将が司令部を訪れ、参議官一同の意見として、なんとか皇軍相撃の事態だけは避けるよう強く要望した。

特に六殿下も同様の趣旨を持っていることも同時に伝えられた。しかし、ことここにいたり、明日の武力行使しか道は残されなくなってしまった。

夕方六時、堀第一師団長は小藤第一連隊長に対し、「以後占拠部隊の将校以下を指揮するに及ばず」と命令を発した。

午後八時、戒厳司令官は指揮下の各部隊に対し、明二十九日、午前五時以後、攻撃を開始できるよう準備を完了すべし、と命令した。

武力鎮圧を決めた戒厳司令部

青年団や在郷軍人もボランティアで有楽町の数寄屋橋付近の交通整理

午後十一時、包囲攻撃軍の軍隊区分は次のように指示された。

右翼隊＝歩兵第五七連隊（第三大隊欠）

中央隊＝歩兵第二旅団（歩兵第三連隊及び歩兵第五七連隊欠）。歩兵学校教導隊。工兵第一四大隊の一中隊。

左翼隊＝歩兵第一旅団（歩兵第一連隊及び歩兵第四九連隊二中隊欠）。歩兵第五九連隊一大隊。野砲兵中隊。工兵第一大隊。

戦車隊＝野戦第二連隊。

砲兵隊＝野戦重砲兵中隊。

予備隊＝歩兵第一連隊。歩兵第二連隊第一大隊。歩兵第三連隊。

決行部隊を出した歩一、歩三の残留部隊は第一線にはつけず、予備隊として後方に配された。

反乱部隊と鎮圧部隊の武力衝突を警戒して付近住民に避難命令が出され、人々は雪の中を避難所に急いだ

避難所の一つに指定された有楽町の日本劇場に避難した婦女子

二月二十九日
下士官兵ニ告グ

戦線離脱兵続出で総崩れの中橋隊

戒厳司令部は各部隊に決起部隊の包囲を命じた。陸相官邸、幸楽、山王ホテルと次々に包囲が完了し、決起部隊と包囲軍は直接対峙する格好となった。

前日午後からの激しい動きの中で、事情もよくわからずに連れ出された兵士の動揺は、隠すべくもなかった。自分たちを幾重にも取り巻いている包囲軍を見て、脱走をする兵までも出始めた。そんな中で磯部浅一は首相官邸に栗原を訪ねた。

磯部『行動記』によれば、栗原は沈痛な面持ちでこう語った。

「奉勅命令が下った様ですね。どうしたらいいでしょうかね。下士官兵は一緒に死ぬとはいっているのですが、かわいそうでしてねえ。どうせこんなに十重《とえ》、二十重《はたえ》に包囲されてしまっては、戦《いくさ》をしたところで勝ち目はないでしょう。下士官以下を帰隊させてはどうでしょう。そうしたら

完全武装で出動した鎮圧部隊

我々が死んでも、残された下士官、兵によって第二革命が出来るのではないでしょうか。維新のために、下士官以下を残すことがよくはないでしょうか。

それに実をいうと、中橋部隊の兵が逃げて帰ってしまったのです。この上、他の部隊からも逃走するものができたら、それこそ革命党の恥辱ですよ」

磯部は歯がゆかった。栗原は実行部隊の中心人物である。その栗原が弱気になっているのだ。平素の栗原からは考えられなかった。磯部は部下を持っていない。村中もそうである。磯部は思った。

「もし俺に部隊があったなら……」

磯部は常に強硬な意見を述べてきたが、この時ほど自分を情けないと思ったことはなかった。

「あとは、部隊将校が決意をもって一戦する覚悟を持ってくれることを願うしかないのか……。俺は決して降伏はしない……」

二十九日の夜明け頃のことである。近歩三（中橋部隊）の数名の二等兵たちが集まっていた。ちょうど歩一の兵隊たちに集合がかかり、全員庭に集まっていた。この機会を逃してはならないと、近歩三の兵が運転手控室のようなところに集まり、話し合った。

「そろそろ原隊に戻ろうじゃないか」

「いや、これはそんな簡単なことじゃないんだ。国のため、維新のためにやっていることなんだ。自分のことばかり考えていてはダメだよ。俺は断固闘うべきだと考える」

議論は続いた。約二時間後、結論は帰隊することに決まった。兵八人は裏の崖を飛び降りて、雪の中へころがった。うしろから、将校らしい姿が、「オーイ」と呼び止める声が聞こえたが、別に撃つわけでも追いかけてくるわけでもなかった。兵八人は必死に駆けだして、包囲軍の中へ飛び込んだ。

埼玉県本庄市出身の松本芳雄さんも、そのとき近衛歩兵第三連隊第七中隊、いわゆる「中橋隊」の二等兵として決起軍の中にいた。そして、分隊長の命令で、〝脱出〟した一人である。

「二十八日、屋上にあがってみると芝浦の海に軍艦が見えた。また溜池のあたりには、鉄帽を着用した鎮圧軍がひしめいているのが望見された。我々はいつの間にか包囲されたようである。このまま状況が進めばどんなことになるのか、多少不安な気持になってくる。

皇居のお掘端の道路にバリケードを作る警備隊と在郷軍人会

昼頃から状況が刻々変化し、気のせいか我々は追いつめられているように感じられてきた。そのうち二年兵が遺書を書きはじめた。ここで死ぬ覚悟を決めたのであろう。最悪の事態が到来すれば友軍同志の撃ち合いが始まるであろうことは確かだ。緊迫した空気が官邸一帯に流れ、いつしか我々も戦闘への意識を高揚するに至った。

その夜、分隊長相馬上等兵はジッと現状を判断し中橋中尉との連絡がとれぬ立場で決断を下した。夕食後分隊全員を集めると『俺についてこい』といって裏門から外に出た。これ以上現地にいることの不利を覚った彼は分隊単位による脱出を決行したのである。続いて他の分隊も脱出したようである。これは午後、警官詰所で分隊長同志が集って密かに脱出の打合せを行った結果によるもので、脱出は建制逆順で行うよう決めたということである。

やがて溜池あたりまできたとき鎮圧軍と接触、一瞬銃を構えて緊張する場面があったが、衆《しゅう》寡《か》敵せず遂にここで武装解除の命に従うところとなった。もうどうしようもない所まできたのである。我々はここにおいて潔《いさぎよ》く武装を解き、丸腰になると通過が許可されたので、三宅坂から旅団司令部の所を通って直路連隊に帰った。

営門をくぐり本部前の広場に集合すると、間もなく大きな握り飯が配給された。空腹の身に握り飯のうまさは格別で、同時に張りつめていた気分が急にほぐれて行くようだった。我々の自発的な帰隊で一番喜んだのは連隊長だったというが当然のことであろう。

腹がいっぱいになるとそのまま酒保《しゅほ》の二階に隔離された。なおここへは歩三の関係者も送りこまれてきた。隔離期間は三日だったと思うが、この間憲兵の取り調べがあり、その結果、兵隊全員は放免となった」(『郷土兵』)

前夜の午後十時過ぎ、包囲軍との交戦に備えて料亭「幸楽」から山王ホテルに密かに移動した安藤部隊の意気は軒昂だった。第一小隊は階下と玄関、軽機分隊が表玄関、第二小隊が二階と三階、機関銃隊が屋上、そして指揮班は階上を死守することになった。

一方、戒厳司令部は前夜の二十八日午後十一時に出した「戒作命第一四号」によって、午前五時までに包囲を固め、守備線を強化していた。そして午前五時半から八時までの間に、戦闘予想地域内の住民を避難させ、午前九時を期して攻撃開始の命令を発していた。

戒作命第一四号にはこうある。原文は片仮名交じりだが、平仮名を用いる。

命　令

一、一般の状況要図の如し。

二、叛乱部隊は遂に大命に服せず。依って断乎武力を以て当面の治安を恢復せんとす。

三、第一師団は明二十九日午前五時迄に概ね現在の線を堅固に守備し、随時攻撃を開始し得るの準備を整へ、戦闘地域内の敵を掃蕩すべし。

四、近衛師団は明二十九日午前五時迄に概ね現在の線を堅固に守備し、随時攻撃を開始し得るの準備を整へ、戦闘地域内の敵を掃蕩すべし。又該師団は主として禁闕《きんけつ》（皇居の門）守衛に任ずるの外、依然戒厳司令部、憲兵司令部附近の警備を続行し、且特に桜田門附近を確保すべし。

五、両師団戦闘地域の境界は赤坂見附―平川町停留所―新議事堂北側を経て海軍省に通ずる道路とし、線上は第一師団に属す。

六、攻撃開始の時機は別命す。

七、第一四師団及直轄部隊は二十九日午前五時迄に靖国神社附近に至り待機しあるべし。

八、近衛師団の救護班各一を麹町高等女学校（麹町一丁目）及麹町区役所裏（半蔵門）に開設す。

又第一師団の救護班各二を歩一及歩三兵営に待機せしむ。

九、予は依然戒厳司令部に在り。
情報蒐集所を赤坂見附及桜田門に設く。
戒厳司令官　香椎浩平
こうして、今や「反乱軍」となった決起部隊を完全包囲した鎮圧軍は、払暁に鳴り響くであろう戦闘開始のラッパを待っていた。

徹夜で生まれた「兵ニ告グ」

ところで、「皇軍相撃」を目前にした二十八日の夜から、徹夜で反乱軍の帰順説得の準備に飛び回っていた一人の将校がいる。陸軍省新聞班の大久保弘一《おおくぼこういち》少佐だ。「今夜中に反乱軍の兵士に対する降伏勧告文を書いて、印刷してくれ」と命令されたのである。

戦後、大久保少佐は雑誌『人物往来』昭和四十年二月号に、そのときの顚末を書いている。その手記によれば、「下士官兵ニ告グ」はこうした状況下で作られ、放送、そして撒《ま》かれた。

《さっそく書き始めた時、司令部内が騒がしくなり、反乱軍の捕虜三名が、後手にしばられて連行されてきた。

早速、尋問が始められた。二十八日、午後十一時すぎである。

「お前らは今や反乱軍の兵士として、このように捕えられているのだが、それに対してどんな気持ちを持っているか」

電柱に貼られた戒厳司令官名の「告諭」を読む市民

「全く何のことかわかりません」

「お前らは何も知らないようだが、実はお前らの上官は間違った考えから、おそろしい反乱を起こして、今や逆賊として討伐されようとしているのだ。それでもお前らは、その上官の命令に従い、どこまでも反逆行為を続けるつもりでいるのか」

と尋ねると、

「ハイ、どうしてよいかわかりません」

と泣き出しそうな顔をしている。尋問している参謀は、重ねてさとした。

「どうしてよいかわからないではない。わかりきったことではないか。お前らの上官は明らかに軍紀を破って反乱を起こしているのだ。そこでわれわれは、天皇陛下の御命令によって、これを討伐するために、このように夜も寝ずに戦闘態勢を整えているのだ。お前らはその反乱軍の捕虜として、ここに引きすえられてきているのだ。このように事情が判っても、お前らはどうしてよいかわからぬというのか」

と鋭くつめ寄ったが曹長は何もいわず黙っていたが、突然上等兵が悲壮な声で、

「中隊長殿は、自分らが正しいのでまわりに包囲している部隊が反乱軍だから、これに対抗して現在地を死守せよといわれました。だから中隊長殿の命令に従って行動します」

とキッパリといいきった。もう一人の上等兵も、

「はい、自分は中隊長殿や小隊長殿と一緒に死んでゆきます。あの立派な中隊長殿の命令に背くことはできません」

といってワッとばかりに泣きだした》

大久保少佐はもうその場にいたたまれなくなり、外へ出た。時計を見ると明け方も三時を回っていた。決起将校の気持ちも、そしてさっきの兵隊たちの心持ちも理解することができた。

どこというあてもなくただ歩いていたが、ふっとある考えがヒラメキ、偕行社へ向かった。偕行社には八人の現役の大将連が缶詰めになっていた。林、荒木、真崎、阿部、西、寺内、植田らであった。再び手記を要約しよう。

「戒厳司令部の大久保少佐であります。閣下方にお願いがあって参りました」

「飛行機と戦車を使って勧告文を撒こうと思います。今までは決起将校ばかりに説得や勧告が行われていましたが、兵隊たちは何も知らずに上官に引きずられて逆賊扱いされているのです。あ

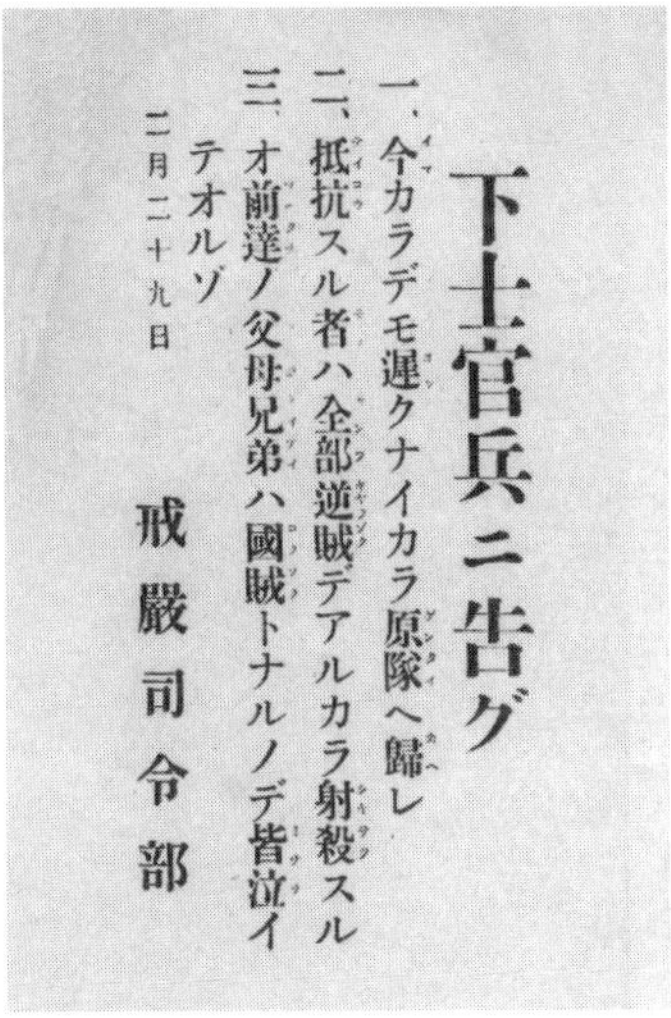

下士官兵ニ告グ

一、今《イマ》カラデモ遲《オソ》クナイカラ原隊《ゲンタイ》ヘ歸《カヘ》レ
二、抵抗《テイコウ》スル者《モノ》ハ全部《ゼンブ》逆賊《ギヤクゾク》デアルカラ射殺《シヤサツ》スル
三、オ前達《マヘタチ》ノ父母兄弟ハ國賊《コクゾク》トナルノデ皆《ミナ》泣《ナ》イテオルゾ

二月二十九日　戒嚴司令部

「下士官兵ニ告グ」のビラ

「兵ニ告グ」の原稿を書いた大久保弘一少佐。少佐は陸軍省発行の『つはもの』の編集長

まりにかわいそうです。そこで、どうしても直接兵隊に呼びかける必要があります。これを最後の手段として、明早朝を期してやってみたいと思います。どうかその結果のわかるまで、半日だけ待つように取り計って下さい」

大久保少佐はさらに先ほどの三名の捕虜の話もつけ加えた。この大久保少佐の熱心な言葉に各大将も真剣な表情となり、寺内が「延ばしても午前中だけだぞ。午後まではダメだぞ」と上層部への交渉を引き受けてくれた。

すぐに司令部へ引き返した大久保少佐は同僚三名とビラの作成に取りかかり、朝日新聞の協力などを得て、早朝までに三万枚をつくり、さらに立川の飛行隊にビラ撒きの手配を終えた。

飛行機は午前八時に飛び立ち、三宅坂上空

国会議事堂一帯に「下士官兵ニ告グ」のビラを撒く飛行機

からビラが撒かれた。同様に戦車からもビラが撒かれた。しかし、このビラも多くは宮城の堀の中に落ち、ほとんどが兵士の手には渡らなかったのではないか、と立川飛行隊よりの報告があった。

　時を同じくして、決起部隊の兵隊たちの家族が連隊に押しかけてきている、という情報が寄せられた。これはなんとかしなければいけないと思っている矢先、声が飛んだ。

「大久保、大久保少佐はおるか」

「すぐにラジオ放送をしてくれ。反乱軍の多くはラジオを聞いているようだ。すぐに帰順勧告を放送してくれ」

　大久保少佐は戒厳司令部内の臨時に設けられた放送室へ飛び込んだ。中村茂アナウンサーが一人放送室にいた。マイクを持ち、何か話そうかと思ったが、何の言葉も出てこない。そこで、その辺の紙に原稿を書きなぐった。二分もかからずに原稿が出来た。

「私が放送しましょう」

軍人会館の臨時スタジオから、「兵ニ告グ」を放送する東京中央放送局（ＮＨＫの前身）の中村茂アナウンサー

中村アナウンサーが言った。そして、あの〝兵ニ告グ〟がくりかえし放送された。

兵に告ぐ

勅命が発せられたのである。既に天皇陛下の御命令が発せられたのである。

お前たちは上官の命令を正しいものと信じて、絶対服従をして、誠心誠意活動して来たのであろうが、既に天皇陛下の御命令によってお前たちは皆原隊に復帰せよと仰せられたのである。この上お前たちが飽《あ》くまでも抵抗したならば、それは勅命に反することとなり、逆賊とならなければならない。

正しい事をしていると信じていたのに、それが間違っておったと知ったならば、徒らに今までの行懸《いきがか》りや義理上から何時までも反抗的態度を執《と》って天皇陛下に反《そむ》き奉《たてまつ》り、逆賊としての汚名を永久に受けるようなことがあってはならない。

今からでも決して遅くはないから、直ちに抵抗を止めて軍旗の下に復帰するようにせよ、そうしたら今までの罪も許されるのである。

お前たちの父兄は勿論のこと、国民全体もそれを心から祈っているのである。

速かに現在の位置を棄《す》てて帰って来い。

戒厳司令官　香椎中将

日比谷の飛行会館からはアドバルーンも揚げられた。

「勅命下る　軍旗に手向ふな」

ビラも配られた。

下士官兵ニ告グ
一、今カラデモ遅クナイカラ原隊へ帰レ
二、抵抗スル者ハ全部逆賊デアルカラ射殺スル
三、オ前達ノ父母兄弟ハ国賊トナルノデ皆泣イテオルゾ
二月二十九日

戒厳司令部

東京・日比谷の飛行会館の屋上から揚げられた「勅命下る　軍旗に手向ふな」のアドバルーン

お前達の中から逐次奉勅命令の御趣旨を体して原隊へ復帰するものが生じつつある。今からでも遅くない。早く抵抗を止めて帰って来い。

戒厳司令部

大久保少佐のもとに帰順の第一報が届いたのは午前九時三十分頃であった。警視庁方面の決起軍の一部が帰順した、というものであった。やがて十時、十一時と過ぎるにつれて、帰順投降、あるいは陣地撤退等の報告が続々と寄せられてきた。それもおおよそ午後一時には、安藤部隊を除く全決起部隊は帰順、撤退した。

軍首脳の自決強要に反発、決起将校は法廷闘争

事件解決にはたくさんの兵力が投入された。その内訳は、戒厳司令部三五〇、近衛師団六九一四、第一師団七〇六三、第二師団一九六四、第一四師団四四九一、教育総監部所属部隊一六五一、憲兵隊一四〇八で、総計二万三八四一名であった。

これに対して決起部隊は一四〇〇余名であり、包囲軍はおよそ二〇倍の兵力で、戦車、野砲などは別にしても圧倒的な兵力であったことがわかる。ましてや決起部隊の兵士たちは、ほとんどが一月十日入隊の初年兵であったから、彼らの恐怖感は想像にかたくない。

さて、帰順への呼びかけビラ、「兵ニ告グ」の放送と続き、決起部隊は帰順、撤退を始めた。

帰順の説得に応じて兵営に戻る下士官兵たち

しかし、簡単に各部隊が占拠を解いていったわけではなかった。特に上官による決起部隊将校への自決要求は強硬なものであった。

大谷敬二郎著『昭和憲兵史』によれば、二十九日午後の陸相官邸は騒々しかった。憲兵や参謀将校が飛ぶように往来する中を、兵を帰した決起将校が悲憤の涙をうちにかくして続々と集合してきたからだ。

歩三の清原少尉も兵を営門前下で帰し、そこから車で陸相官邸にやってきた。玄関にはちょうど山下奉文少将が立っていて、

「どうするか」

つまり自決するのか、聞いているのである。

「自決します」

と応えると、一方を指さした。憲兵に案内されて、突き当たりの部屋のドアを開けると、そこには坂井中尉、高橋、麦屋少尉と第一中隊の

将校ばかりが一室に入れられ、すでに自決の準備が整えられていた。坂井中尉が「よく来た、一緒に死のう、早く辞世を書け」というので、辞世を書き、家族宛の遺書を書いた。そこに野中大尉と栗原中尉が入ってくる。

「馬鹿者どもが、なんで自決するんだ。逆賊といわれて死んでみろ、すべてが水の泡となる。奴らはノホホンと居すわるだろう。死ぬのはいつでも死ねる。真相を天下に明らかにして少しでも歴史の転換をはかるんだ。これからは死に勝る生の苦しみの闘争だ。辞世なんか破ってしまってこっちへ来い」

いわれてみればもっともなことだ。いま死んだら逆賊の汚名だけが残ってしまう。

「わかりました。死ぬのはやめます」

一同は野中大尉とともに別の広間に入ると、そこには維新断行と意気軒昂な仲間が集められ、清原はここに来て初めて、自決組と維新組に分離されていることを知ったのである。

軍首脳は決起将校の自決を既定方針としてその準備をしつつあった。第一衛戍病院から数名の看護兵が脱脂綿や消毒薬などを準備して陸相官邸に急行して待機していた。それは死後の手当を施すためであり、さらに大広間には三〇余の〝棺桶〟も用意されていたのである。

こうした見えすいた自決の強要に、やがて決起将校も反発し、自決を取りやめ、公判闘争に自らの信念をかける方向へと向けられた。

磯部はこうした状況をとらえて、『行動記』に書いている。

戒厳司令部が置かれた軍人会館に通じる道路を封ずる警備兵。一部の下士官兵たちは帰順を始めたが、決起将校たちは依然として説得に応じていなかったからだ

「多数同志は自決する決心で陸軍省に集まり、各々遺書等を認《したた》めたのであったが、当局者の『死ね、死んでしまえ』といった様な残酷な態度に反感をいだき、心機一転して自殺を思い止る。

陸軍省では自決のために、白木綿などを前もって準備していた」

戒厳司令官の香椎中将の手記を見てみよう。

「廿六日以来の苦心も、爰《ここ》に夢の様に忘れてもよい時が来た。

唯《た》だ併《しか》しながら、叛軍将校の自刃が思う様に行かず、僅《わず》かに安藤の負傷と、野中の自刃を見たのみで終わったのは如何にも残念至極に感ぜられる。

幕僚も随分骨折ったが、彼等に自刃の意なかりし故、如何ともする由なく、ブザマな結果を避くる為め遂に憲兵に引渡した。

彼等の醜態は遺憾なるも、他面又軍全体の将来より考ふれば、青年が血気に躍る結果はあんなもんだ。棄石《すていし》〳〵と広言し乍ら、いざとなっての決心は軽はずみ者には信用が出来ないと云ふことを戒めることが出来るのみならず、白虎隊か四十七士の様にもてはやされては、陛下の軍隊を勝手に動かす様な馬鹿者が又々飛出さんとも限らないのである。転禍為福《てんかいふく》とでも云ふべきだ。

将権自刃か否かを見届け得ざりし中、兎《と》も角《かく》事件一先《ま》づ鎮定するや、予は南部麹町に於ける叛軍占拠の地域を一周して視察を遂げたが、恰《あたか》も、往年青島《チンタオ》に第一歩を印した時の様な感を髣髴《ほうふつ》せしめた」（『香椎戒厳司令官　秘録二・二六事件』）

事件以前は真崎甚三郎、荒木貞夫大将などとともに「青年将校に理解のある将軍」の一人と見られていた香椎中将の手記にしては意外である。そのうえ、馬鹿者扱いをされたのでは決起将校も浮かばれない。将校たちが、彼等〝同志〟的将軍たちに〈裏切られた〉と受け取ったのも当然だったかもしれない。

それはともあれ、決起将校たちが自決を思い止まり、公判闘争に切り替えようと戦術転換をしているとき、野中四郎大尉の〝自決〟が決行されたのである。

大谷敬二郎著『昭和憲兵史』の野中自決のくだりを概略すれば、おおよそ次のようであったという。

歩三の前連隊長である井出宣時《いでのぶとき》大佐と渋谷歩三連隊長が野中を呼び出し、しきりに外へ引き出そうとした。野中もおかしいと思ったが、二人の直属上官の命でもあるので「行きましょう」と部屋を出た。

部屋を出るときに、野中は、

「みんな、へんな真似をしてはダメだぞ、自重しなくてはいかん」

と言い残して二人のあとについていった。銃声がなりひびいたのは、野中が出かけて十分ほどたったときであった。

「あっ、誰か自決したな」

と皆が思った。近くで取り調べを行っていた憲兵が急いでかけつけてみると、大臣室の左隣にある秘書官室で、野中が拳銃を握って倒れていた。鮮血があたり一面に飛び散り、その血がまだ生温かった。

野中四郎大尉は、決起将校の中では先任者であったが故に、「蹶起趣意書」の中に代表として名を記していたのであって、決して急進派の将校ではなかった。

しかし、今はその責任を一身に負って、自らの命を絶った。いや、絶たされた、というべきかもしれない……。

これには余談がある。

事件後、代々木の陸軍刑務所で大蔵栄一《おおくらえいいち》大尉が、中橋基明中尉との会話の中で以下のように語ったことを伝えている。

「『野中大尉は自決したのではない。二十九日一同が最後の談合で自決を決意したとき、最後まで自決をとめたのは野中である。わしらが自決したらあとがどうなるか、といって止めた。そこへ野中を呼びに来た。野中はわれわれに向って、やってはいかんぞといって出て行った。その野中が自決する筈がない。必ず他殺だ』と秘密に伝えたという」（『昭和憲兵史』）

我々は絶対に帰順も自決もしない！

他の部隊の将校たちが続々と兵を帰して陸相官邸に集結している中で、安藤大尉に率いられた歩三第六中隊だけはいぜんとして交戦の構えを解いていなかった。当然のことながら、上官や同僚が「一時も早く兵を原隊へ帰せ」と説得にやってきていた。

磯部浅一の『行動記』や奥田鑛一郎著『二・二六の礎　安藤輝三』、埼玉県編『二・二六事件と郷土兵』などを参考に、安藤部隊帰順までの激しいやりとりを再現してみる。

歩三第二大隊長の伊集院兼信少佐がやってきた。伊集院少佐は前日の会議（歩三将校団）でも、安藤を刺殺せよ、自分が刺し違えるとその決意を示していた。

「安藤、兵がかわいそうだから、兵だけ帰してやれ」

安藤は一言もいわず、じっと伊集院少佐を見つめた。その表情を見た伊集院少佐はさらに声をあらげていう。

「奉勅命令が出たのだ、これに反すれば大元帥陛下への反抗とみなされるぞ。とにかく兵だけは帰せ！」

反乱軍に占拠されている首相官邸前を行く鎮圧部隊を乗せたトラック

「私は兵がかわいそうだからヤッタのです。大隊長がそんなことをいうとシャクにさわります」

安藤は決して説得に乗ろうとはしなかった。安藤には固い信念があった。考えに考え抜いた末に加わったこの決起である。すでに彼の心は決まっていた。どんなことがあっても自分を信じて事を処理しようと。

一度、戻った伊集院少佐は、今度は堀丈夫第一師団長を伴ってやってきた。安藤の周囲には、下士官兵を中心にたくさんの兵たちも集まっていた。大隊長や師団長のたび重なる説得に、兵も下士官も皆涙の洪水である。

堀師団長は安藤大尉の前に出て「安藤、兵に賊軍の汚名を着せて、陛下に申しわけないと思わんか……。黙ってすぐ兵を帰隊させろ」というと、安藤は昂然としていった。

安藤大尉と堀師団長らが最後の激論を戦わせているころ、下士官兵たちは続々と兵営に戻っていた。写真は営門を入る歩兵第１連隊の反乱兵

「閣下、何が賊軍ですか、尊皇の前には、将校も下士官も兵も一体であります。一丸となって戦うのみです。我々は絶対に帰りません。また自決もしません」

堀師団長はだまり込んでしまった。すると安藤はいった。

「師団長閣下に首を斬られるなら本望です。どうか思いきり斬って下さい」

堀が唇をふるわせて応えた。

「俺も自決する。安藤のような立派な奴を死なせねばならんのが残念だ」

堀の目から涙があふれ、やがて号泣に変わった。そばで見ていた下士官兵が、

「中隊長殿が自決なさるなら、中隊全員お伴をしましょう」

と安藤に抱きついて号泣する。将校も下士官も兵も第六中隊の全員が安藤をしたって、ただ

ただ涙を流していた。

今や残っているのは安藤中隊だけである。決起した兵の総数は一五五八名であった。そして今、山王ホテルを拠点として残っているのは歩兵第三連隊第六中隊の一五九名だけである。

正午を過ぎた頃から、部下の下士官兵を帰隊させた将校たちが山王ホテルへやってきた。このとき堂込曹長が提案した。

「中隊長殿、第六中隊はこれから昭和維新の歌を合唱したいと思いますが……」

「よし、四節目から始めよう。堂込、音頭をとれ！」

〽昭和維新の春の空

　正義に結ぶ益荒男《ますらお》が

　　胸裡《きょうり》百万兵足りて

　　散るや万朶《ばんだ》の桜花

なんともいえぬ静寂なメロディが流れ、聞く人々の胸をしめつける。たまりかねた磯部は、つかつかと安藤のそばにより、口を開いた。

「貴様は、これほど立派な部下を持っているのだ。まさに〝必死三昧、天下無敵〟の歩三第六中隊の面目躍如たりだ。いたずらにこんな立派な部下を殺して、下士官、兵にまで逆賊の汚名を着せるには忍びんじゃないか……兵がかわいそうとは思わんか……。安藤、下士官、兵を帰したらどうだ」

安藤は将校たちにいった。

「諸君、なんたるていたらくか！　いったん決起した以上、最後まで戦い抜くのが武士であり、男ではないか。逆賊の汚名が何だ！　将校も下士官兵も大義の前には分《わ》け隔《へだ》てはない。一心同体である。兵がかわいそうとは今さら何事だ。兵がかわいそうだから、俺たちは立ち上がったのではないのか……。

俺は知っての通り、今回の決起には最後まで反対だった。しかるに決起に踏み切ったのは、今日の事態を十分に予測した上で、どこまでもやり抜く決心がついたからだ。たとえ奉勅命令が出ていたとしても俺の決心に変化はない。君たちと袂を分かってでも、我が中隊は最後の一兵になるまで戦い抜く……。

諸君、いろいろと世話になった。ここは、もう戦場になる。用が済んだら、それぞれ安全な場所に引き揚げてほしい……」

やがて将校たちは三々五々立ち去った。磯部と村中だけはいつまでもそこにいた。

中隊歌の合唱の中で自決を図った安藤大尉

時計は午後二時を回っていた。山王ホテルは完全に包囲されていた。二時半頃、陸相官邸から伝令の将校がやってきた。

「野中大尉が先ほど拳銃自決を遂げられました。村中さん、磯部さん、おられましたら至急お帰

整然と営門に向かう歩兵第３連隊の反乱部隊

り下さい。皆待っております」

「野中さんが自決したか、そうか……」

安藤大尉は空を見上げ、大きく呼吸をした。

山王ホテルの周囲では盛んに降伏を呼び掛けている。

以下は伍長勤務で、安藤大尉の当番兵を務めていた前島清上等兵の手記（『二・二六事件と郷土兵』所載）を拝借する。

《間もなく安藤大尉は全隊員を集め静かに訓示した。

「皆よく闘ってくれた。戦いは勝ったのだ。最後まで頑張ったのは第六中隊だけだった。中隊長は心からお礼を申し上げる。皆はこれから満州に行くがしっかりやってもらいたい」

安藤大尉の訓示は離別を暗示していた。（略）

そこへまた大隊長（伊集院少佐）がきた。

「安藤、いよいよ死ぬ時がきた。俺と一緒に死のう」

と迫った。中隊長はすでに先ほどの気概が消え、恰《あたか》も魂の抜けがらのようになっていた。

「ハイ、一緒に死にましょう」

そういって無造作に拳銃を取り出したので私は咄嗟に中隊長の腕に飛びついた。同時に磯部主計が背後から抱き留めた。

「離してくれ……」

「いや離しません」

「安藤大尉、早まってはならん」

中隊長も止める者も見守る者も皆泣いた。大隊長は、「なぜ止めるのか、離してやれ、可愛い部下を皆殺しにできるか、俺と安藤の二人が死んで陛下にお詫びするのだ、昭和維新は十分に目的を達したのだ、喜んで死ぬのだ」と彼もまた号泣した。

中隊長は腕を押さえている私に、

「何という日本の現状だ……前島、離してくれ、中隊長は何もしないよ、するだけの力がなくなってしまった。随分お世話になったなあ。

いつか前島に農家の現状を中隊長殿は知っていますか、と叱られたことがあったが、今でも忘れないよ。しかしお前の心配していた農村もとうとう救うことができなくなった」

中隊長の目からこぼれ落ちる涙が私の腕を濡らした。側に居る磯部、村中の両大尉が静かに話

続々と歩兵第３連隊の営内に吸い込まれる反乱部隊

しかけた。

「安藤、死ぬなよ、おれは死なないぞ、死のうとしても止めるときは死ねないものだ。死ぬことはいつでもできるのだ」

「ウン、しかし俺は死ぬのがいやで最後まで頑張ったのではない、ただ何も判らない人間共に裁かれるのが嫌だったのだ。しかし正しい事は強いな、けれども負けることが多い、日本の維新はもう当分望まれない」

そこへ山本又少尉がやってきて、

「安藤大尉殿、靖国神社に行って皆で死にましょう。大隊長も靖国神社に行って死ぬことを誓ったので喜んで帰ってきました。一緒に行きましょう」

「ウン、行こう、兵士と一緒ならどこへでも行く」

これを堂込曹長が止めた。

「行っては困ります、中隊長殿、死ぬのなら私たちと一緒にお願いします」

私はここで中隊長の腕を離した。すでに将校たちは死を決意し死に場所を求めているのである》

この直後、戒厳司令部の参謀副官がきて靖国神社行きを急かせ《せ》、「兵は原隊へ帰せ」と言ったことから安藤大尉のなじりを受ける一幕もあったが、すでに安藤大尉の意は決していた。

安藤大尉は言う。

「俺たちは最後まで、よく陛下のために頑張った。お前たちが連隊に帰るといろいろなことがいわれるだろうが、皆の行動は正しかったのだから心配するな。連隊に帰っても命拾いしたなどという考えを示さないように、女々《めめ》しい心を出して物笑いになるな。満州に行ったらしっかりやってくれ。では皆で中隊歌を歌おう」

《やがて合唱が始まった。昭和維新の夢破れ、反乱軍の汚名を着せられて屈伏した今、安藤大尉の胸中如何ばかりか察するにあまりある。無念の思いをこめて歌う合唱がどのように響いたかは知らないが、我々の心は等しく号泣に満ちていた。

合唱が二番にうつる頃、安藤大尉は静かに右方に移動し隊列の後方に歩いていった。私は変な予感を抱きながら見守っていると、やおら拳銃を引き抜き左あご下にあてた。

「ダーン！」

突然の銃声に驚いた一同は、ワッと叫びながら安藤大尉の元にかけより、口々に「中隊長殿！」

と叫んだ。

倒れた大尉の頭から血が流れ出しコンクリートを赤く染めた。

拳銃の弾は左の顎下からコメカミ上部にかけての盲管銃創で、しかも銃弾が皮膚と骨の間を直通したかのようであった。しかし安藤大尉は衛戍病院に運ばれ、一命を取りとめてしまう。午後三時であった。

一九三六年（昭和十一）二月二十九日午後三時、戒厳司令部は事件の終結宣言を出した。

「反乱部隊は午後二時頃を以てその全部の帰順を終わり、ここに全く鎮定を見るに至れり」

事件の鎮定を知らせる東京朝日新聞社の電光ニュース

本文の作成にあたり、左記の著書を参考にし、一部引用をさせていただきました（順不同）。

『二・二六と郷土兵』（埼玉県）／『現代史資料・二・二六事件』（みすず書房）／河野司著『私の二・二六事件』（河出書房新社）／河野司著『天皇と二・二六事件』（同）／河野司著『湯河原襲撃』（日本週報社）／奥田鑛一郎著『二・二六の礎　安藤輝三』（芙蓉書房）／松本清張著『二・二六事件』全三巻（文藝春秋社）／芦澤紀之著『秩父宮と二・二六』（原書房）／松澤哲成・鈴木正節著『二・二六と青年将校』（三一書房）／大谷敬二郎著『昭和憲兵史』（みすず書房）／大谷敬二郎著『二・二六事件の謎』（柏書房）／末松太平著『私の昭和史』（みすず書房）／松村秀逸著『三宅坂』（東光書房）／林茂・他共編『二・二六事件秘録』全三巻（小学館）／新井勲著『日本を震撼させた四日間』（文藝春秋新社）／池田俊彦著『生きている二・二六』（文藝春秋社）／香椎研一編『香椎戒厳司令官　秘録二・二六事件』（永田書房）／迫水久常著『機関銃下の首相官邸』（恒文社）／『現代のエスプリ二・二六事件』（至文堂）

第2部

〔史論〕二・二六事件とは

いま「二・二六事件」をどうとらえるか

――二・二六事件への視点を問う

高橋正衛（現代史研究家）

昭和初期、戦争と不安と飢餓の時代であった。左翼はプロレタリアート革命を叫び、右翼と軍人は昭和維新による国家改造をめざした。天皇制の打倒を含めて革命を叫ぶ左翼に対して、軍人は国体擁護を旗印に実力行使に訴えた。二・二六事件は国体擁護派の大爆発だった。決起は失敗したが、あえて軍の動員に訴えた彼らの決断からわれわれが受け取るべき教訓はなにか。

国家改造への気運

昭和時代は六十四年だった。後世の人がこの時代をどう解釈し定義を下すかはわからない。しかし明確なことがある。前半の二十年と後半の四十四年は、全くちがう歴史だったこと。激動と戦争、不安と飢餓の時代と、天下泰平、自由と飽食の時代と。そして前期二十年の中間に二・二六事件がある。

山王ホテル前に集結した決起軍

今、前期に起こった諸事件のうち、軍人、国家主義者が起こした主な事件のみを見てみる。

2・5・28（一九二七〈昭和二〉年五月二十八日。以下同じ）第一次山東（中国山東省）出兵
3・4・20　第二次山東出兵
3・6・4　張作霖爆殺事件
4・11〜5・6　ロンドン海軍軍縮条約をめぐる統帥権問題
5・10頃　桜会結成
5・11・14　浜口《はまぐち》雄幸《おさち》首相狙撃事件
6・8・26　浜口首相死去
6・3　三月事件（未遂）
6・9・18　満州事変勃発
6・10　十月事件（未遂）
7・2・9　前蔵相・井上準之助、射殺
7・3・5　三井合名理事長・団琢磨、射

殺。二つの射殺事件は血盟団事件
7・5・15　五・一五事件。犬養毅首相射殺
8・7・11　神兵隊事件（未遂）
8・11・13　救国埼玉青年挺身隊事件（未遂）
9・11・20　士官学校事件＝十一月二十日事件（でっち上げ事件）
10・2・18　天皇機関説問題＝国体明徴運動、起こる
10・8・12　相沢事件＝永田事件、永田鉄山少将斬殺
11・2・26　二・二六事件
12・7・7　日中戦争勃発
16・12・8　大東亜戦争＝太平洋戦争勃発
20・8・15　敗戦、降伏

右の事件、戦争は、もとより当時の世界情勢、国内の政治、経済、社会状況が因で起きているが、各々固有の動機があった。そもそも昭和時代は、一九二七年（昭和二）三月十四日の金融恐慌をもって始まった。昭和天皇が大正天皇崩御で践祚《せんそ》して七十九日目である。多くの銀行は休業、破産した。岩倉具視《いわくらともみ》の主導で華族たちにより設立された第十五銀行には皇室の預金口座があり、「皇室御用金庫」銀行といわれた、この銀行さえ休業に追い込まれた。

左翼思想の伸張、活動も当然、右の諸事件の動機の一つになっている。共産党員は出す文書、

1927年３月14日、片岡直温蔵相が、経営が悪化していた東京渡辺銀行が破綻したと国会で失言した。これをきっかけに、金融不安が発生し取り付け騒ぎが起こった。渡辺銀行は翌日休業に追い込まれた。写真は村井銀行（３月22日に休業を余儀なくされる）へ殺到した預金者

1927年4月21日、休業に追い込まれた第十五銀行

法廷での陳述で労働者、農民の窮状、財閥の横暴、政党の腐敗、無能等々を訴えた。

これは国家主義者、右翼も軍人も痛切に感じとっていた。さればこそ前記の事件を起こしていった。ただ共産党員がソ連を「我が祖国」と、日本を「この国」と呼称する思想構造とインターナショナリズムに激しい嫌悪と危機を抱いて、共産党員を許さなかった。

桜会は参謀本部ロシア班長・橋本欣《はしもときん》五郎《ごろう》中佐を中心に、参謀本部、陸軍省の幕僚といわれていた佐官クラスが、国家改造、現状打破を目指して結成された。その「趣意書」は、「明治維新以来隆々として発展し来りし国勢は今や衰頽に向はんとし……」に始まるが、次の一節がある。「……此の時に当り辛ふじて少くとも一定の主義と熱とをもって奮闘しつつあるものを独り左傾団体のみに見出さざる奇現象は果して吾人に何ものを教示するか」。未遂に終わったが、橋本らのクーデターを十月事件、またの呼称を「錦旗革命」という。

左翼への弾圧の実情については、ここでは略す。しかし『マルクス・エンゲルス全集』全二〇巻が、一九二八年（昭和三）六月より改造社から刊行されている。その「内容見本」に曰く。「『マルクス＝エンゲルス全集』を読まずして思想問題を論ずる勿《なか》れ／現下の社会思想と社会運動は『マルクス＝エンゲルス全集』に淵源《えんげん》す。／世界観の根抵としてのマルキシズムを体得せよ。之れ世界の諸現象を全体として正確に理解する最大の武器である。／燦《さん》として輝くマルキシズムの精髄!!／本全集を全大衆の手へ!!」またコミンテルンの日本共産党への指令文「三二年［昭和七年］テーゼ」の日本の政治、経済の分析、方法にのっとり、岩波書店から『日本資本主義発達史講座』全七巻が発行されている。

ちなみに「三二年テーゼ」を翻訳し、初めて「天皇制」という日本語を使った河上肇は、同年『中央公論』六月号の巻頭論文「国家社会主義の理論的検討」で「マルクス主義は人類の総実践の理論的把握から成り立つ」と書いているのである。

右の全集や河上論文に類似の論文が伏せ字はあっても雑誌に発表され、ブハーリンなどの洋書は書店にならんでいた。この左翼の野放しの状況は、日本の〝赤化〟をおそれた軍人、国家主義者に危機感を抱かせた。それは彼らの手になる文書を読めばわかる。同時に後世この時代をファシズム弾圧下にあったと断定するのは無理といえよう。

ファシズムという語を『政治学事典』（平凡社）でみると——。ファシズムが起こる客観的契機の(2)は、「国内政治の不安定、腐敗、無能、非能率などの病理現象の蔓延」にあり、その機能の一つは「つねにテロや暴力による脅迫をともない、スパイ、密告制度、忠誠審査など直接間接のあらゆる方法による〝恐怖〟の独裁としてあらわれる」と。日本には、〝恐怖〟の独裁などはなかった。ナチス・ドイツは、そうだったろう。

しかし世界でこの定義に最高に該当した国は、スターリン時代のソ連であった。昭和前半の日本の歴史を「天皇制ファシズム」論で書きあげるのは現実を知らない人であろう。一九八九年（平成元）十一月になっても、TV討論会で、社会党代議士・上田哲氏は舛添要一氏に向かって「君はファシストだ」とドナルのである。この言を使う人間の無知と傲慢がうかがえる。この時代に生きた人間は、こんな空理空論などとは関係なく、考え、苦しんでいた。一例をあげる。

二・二六事件で首相官邸を襲撃し、二十二歳で刑死した林八郎《はやしはちろう》少尉は、林大八大佐の次男。父は一九三二年（昭和七）三月一日、歩兵第七連隊長で上海で戦死。少将に進級、軍神とされた。兄は当時日本一のエリート学校、第一高等学校に一九三〇年（昭和五）入学し、左翼思想の故に退学になっている。林家から、軍神、左翼退学学生、処刑された陸軍将校が出たのである。

国体擁護に命を賭ける

ここで、なぜ青年将校たちが二・二六事件を決行したかを知る一つの手がかりとして、「蹶起《けっき》趣意書」をみてみる。二月二十四日、北一輝《きたいっき》宅で村中孝次《むらなかたかじ》、野中四郎《のなかしろう》大尉が原文を書き、事件前夜に謄写したという「趣意書」こそ、彼らの、その生命を賭して訴えた切迫した瞬間の最後の真情だからである。

冒頭はこうである。

「……我が神洲たる所以は、万世一神たる天皇陛下御統帥の下に、挙国一体生々化育を遂げ、

1929年初夏、当時の三土蔵相を訪ねた団琢磨、井上準之助、郷誠之助ら財界、政界の首脳。彼らは経済不況打開のため政府の重大決意（金解禁）を迫った。右から団、井上、三土、郷の各氏

終に八紘一宇を完ふするの国体に存す。此の国体の尊厳秀絶は天祖肇国神武建国より明治維新を経て益々体制を整へ……」

そして結語にいう。

「茲に同憂同志機を一にして蹶起し、……国体の擁護開顕に肝脳を竭《つく》し、以て神洲赤子の微衷を献ぜんとす」

彼らが事件を決行した大切な動機の一つは〝国体の擁護〟であった。ところで「国体」とは何か。この問題は遠く一八七七年（明治十）頃から為政者、学者の一部で考えられていた。そして一八八九年（明治二十二）二月十一日の憲法発布後は、憲法学、国法学の学者で激しく論争されてきた。

竹山道雄氏は明治憲法の天皇には、統帥権的天皇と、機関説的天皇の二面性が、国家運営の要請からあったと論証した。久野収氏は前者を

顕教《けんぎょう》、後者を密教と規定した。

機関説（密教）が、公然とあばき出され論難され、ついに統帥権的（顕教）天皇に一元化していったのが、一九三五年（昭和十）の国体明徴運動、天皇機関説問題であった。だからこの問題、運動を実証的に報告書にまとめた玉沢光三郎検事は、これを「無血革命」と断定している。

そもそも日本に憲法が必要だと宣言したのは一八七六年（明治九）九月六日の元老院に明治天皇が下された勅語「国憲起草ヲ命ズル勅」であるが、この勅語に「建国ノ体ニ基キ」という考えがすでにある。

一八八二年（明治十五）三月三日の「伊藤博文欧洲派遣ノ勅」が下り、伊藤はヨーロッパに行くのだが、勅語に「立憲ノ政体ヲ大成スルノ規模ハ固《モト》ヨリ一定スル所アリト雖《イエド》モ」の一節がある。伊藤は一八八三年六月帰国して憲法作成作業に入る。実質的協力者は井上毅。そして一八八四年四月に伊藤は金子堅太郎を憲法起草委員兼秘書官とした。

金子は一八七一年（明治四）渡米し、ハーバード大学を卒業し一八七八年九月に帰国している。金子の憲法への基本的思想は次のようなものだった。

蓋《けだ》し国体と云ふ文字は日本特有の政治的名称であって、欧羅巴亜米利加《ヨーロッパ》にはありません。彼の国々には政体と云ふ字はある。即ち共和政体又は君主政体という。併し日本の国体に適当する文字はありません。又日本に於ても欧米と同じく政体と云ふ文字はある。

即ち天皇親政の政体、之を郡県制度と謂ひ、或は幕府政治の政体、之を封建制度と謂ふ。蓋

1930年1月11日、金解禁が実施され、金と交換する庶民の行列ができた。しかし、この措置も期待された経済不況の大転換には役立たずだった

し時勢と場合に依って政体は変りますけれども、万世一系の天皇が政治を統御し給ふこと、即ち日本の国体は少しも変りません。

伊藤はドイツ（プロシヤ）のR・V・シュタインなどに憲法を学んだ。ドイツは一八七一年（明治四）に建国された。

この帝国は周知のように、ザクセンとかバイエルンなどの諸王国の連合国家であり、連合の盟主としてヴィルヘルム一世がドイツ皇帝になったにすぎない。金子はいう、「だからドイツでは皇帝を機関というのは当然だ。我が国は根本的にちがう」と。

伊藤の考えは「そもそも国体というものは、国土、人民、言語、風俗等の要素から構成されている。そうして政府は勿論、学校、鉄道、運河、橋梁等の諸設備も其の構成に含まれる」。そしてこれを「National Organizationというが、これが国体だ」と。そして金子が「憲法政治になっても国体は変換しない」と主張するが、伊藤は「変換する」と応酬している。

この論争は結局こうなる。伊藤博文『憲法義解』「第一章　天皇」の義解は、「憲法に殊に大権を掲げて之を条章に明記するは、憲法に依て新設の義を表すに非ずして、固有の国体は憲法に由て益々鞏固《きようこ》なることを示すなり」である。

これを鳥谷部春汀編の『明治人物月旦』の伊藤博文の章で次のように叙している。

……殆ど最も困難なる問題は、日本固有の国性と、欧洲立憲制との円満なる調和を実現すること是れなりき。……その範を民政主義の立憲主義を採らんとするに傾き、之れに反して民政主義を悦ばざるものは、動もすれば極端な神権政治を主張して……［伊藤］公は政治家たるの識見と立法家たるの才智とを兼備する資を以て……以て遂に千古不磨の大典を立案するを得たり。

ところで「国体」という文字は金子によれば、幕末、水戸の徳川斉昭公の「弘道館記」の碑にあるという。つまり「国体」の文字そのものは明治の人には〝最近〟の言葉だったのである。

ここで注目すべきは、ベルギー国憲法である。『世界憲法集』（岩波文庫）で清宮四郎氏は、解説で一八三一年制定のこの憲法に「『明治憲法』も影響をうけている」と記されている。

次の条文をあげる。

明治憲法第三条　天皇ハ神聖ニシテ侵スヘカラス

ベルギー憲法第六三条　国王の一身は、侵すことができない。国王の大臣が責任を負う

1930年1月から4月に行われたロンドン海軍軍縮会議。日本全権が対米英補助艦比率を妥結したのは統帥権を犯すものだとして軍・右翼が攻撃した

明治憲法第十一条　天皇ハ陸海軍ヲ統帥ス
ベルギー憲法第六八条　国王は、陸海軍を統帥し、戦を宣し（以下略）

だが伊藤・金子の国体、政体の論争は、むしろ憲法発布後、東京帝国大学の教授が「国体論争」を開始し、それが一九三五年（昭和十）の国体明徴運動に至るのである。

「統帥権干犯」と国体論争

一木喜徳郎（二・二六事件のとき枢密院議長。常に軍人、右翼から斬奸の対象とされていた）は、一八九四年（明治二十七）九月から一九〇二年五月まで、東京帝国大学で国法学、憲法を講義した。

その内容をまとめられた『法学博士一木先生講義　理論的憲法　一名・国法学』という墨で書かれた菊判三八〇頁のものがある。

ロンドン海軍軍縮条約に調印した浜口首相が、東京駅で右翼に狙撃された

「国家機関ノ組織　第一章君主、第一節君主ノ国法ノ地位」など非常に問題を含む論述が多く述べられている。そのほんの一部――「統治権は、国政の権にて大権は君主が統治権を行う権利なり、一は権利として国家に属し、一は権限にして国家の機関（君主）に属す」

これに対し同じく東京帝国大学の憲法、国法学の教授、穂積八束はいう。

「日本憲法の特質は大権の特立に在り。此の大義を滅失すれば我が国体は民主主義に帰し君主は世襲の大統領たるに止《とどま》らん」（一八九八年）

以後、一木の講座の後任、美濃部達吉、対する穂積の後任、上杉慎吉との論争は大正時代に続く。特に一木と同じ考えの東大教授・吉野作造対上杉の〝国体論争〟は実に有益である。

これについては一九八九年八月リプリント出版された、星島二郎編『最近憲法論　上杉慎吉対美濃部達吉』（みすず書房）を一読されたい。また同書の「月報」の吉野作造の『中央公論』一九一六年（大正五）四月号の論文「所謂天皇親政説に就きて」は、上杉の天皇親政説への批判である。

「国体」「天皇親政」の論争は「蹶起趣意書」において頂点に達し、二・二六事件の重要な動機は、天皇親政、統帥権絶対の実現を期して起こったのである。

しかも一木対穂積論争から大正時代の美濃部・吉野対上杉論争の間に、南北朝正閏《せいじゅん》問題がある。この問題は一九一一年（明治四十四）七月二十一日、文部省が「南朝正統論に立つ国定小学校歴史教科書の決定」で終息した。

この経緯の一端は、友声会編『正閏断案　国体之擁護』（リプリント、みすず書房）でわかる。また同書の石田雄氏の「月報」を読まれたい。「南北朝正閏論争と憲法論争において国体論にかかわる問題が全面的に議論された」「この論争は遂に帝国議会の政治的舞台においてとりあげられたことになり、国体論を武器とする政治闘争の最初の事例」（石田氏）となり、一九三五年（昭和十）の国体明徴運動を予告する大問題だった。

しかし国体論、統帥権問題が軍人に異常な関心を呼び起こしたのは、ロンドン海軍軍縮条約の調印・批准をめぐって〝統帥権論争〟が起きたからである。北一輝の造語といわれる「統帥権干犯」なる言葉は、海軍統帥の最高責任者、軍令部長・加藤寛治《かとうひろはる》大将の進退を左右し、浜口雄幸首相はピストルで射たれた。「蹶起趣意書」に「元老、重臣、官僚、政党は此の国体破壊の元凶なり、倫敦《ロンドン》条約並に教育総監更迭に於ける統帥権干犯、至尊［天皇］兵馬の大権の僭窃《せんせつ》を図りたる……」には右の歴史的経過があった。

統帥権は、国体論という抽象的観念が、具体化し、現実となったものである。国民皆兵の日本の軍隊は天皇の命令のみで機能し、政府、枢密院、元老、重臣などから全く掣肘《せいちゅう》されない、〝独立〟したものとされた。〝もの〟とは吉野作造が指摘したように三権の上にもう一つの権力、権限を持った組織（参謀本部、軍令部）があることになり、二重政府といったものであった。確かにこの指摘は正しい。だが次の清水幾太郎氏の説は重要である。

近世から現在に至る国民国家には「一つの命令に従う単一の軍隊は、国家を統合する絶対の力である」（清水幾太郎『昨日の旅』より）。その一つの命令に従う単一の軍隊が成り立つには、一つは制度的合理性と、一つは神秘的なものへの信仰という非合理性が絶対に必要である。

前者がいわゆる統制派、後者が皇道派ともいえよう。二・二六事件は、一つには、皇道派による統制派の打倒、つまり、軍隊の制度的合理性の要請を、天皇の命令でなければ、またそう信じなければ、いかなる戦闘行為も不可能な軍隊の天皇親政の要請へと一元化することだった。しかし悲劇は、事件敗退により、皇道派は、寺内陸相の〝粛軍〟の名目による人事で一掃される。

決起将校の孤独な決断

以上述べたあとに是非紹介したい重要な文書がある。「現下青年将校の往くべき道」である。

筆者は歩兵第三八連隊付の松浦邁少尉。日付は一九三三年（昭和八）三月十日。これは故大蔵栄《おおくらえい》一《いち》大尉などの話によると、青年将校に非常な衝撃を与えたらしい。当時、怪文書扱いされた文書としては長文で論理まことに明快である。

「吾人は『デモクラシー』政治にも『ファッショ』独裁政治にも荷担する能はず。国家主義にも将《い》た又日本主義にも世界主義にも、断じて荷担する能はず……」の一節もある。

しかし特に大切なのは「青年将校は独逸《ドイツ》皇帝統帥権の奴隷となる能はず」の項である。「今日陸海軍を風靡する兵馬の大権の思想は実に旧独逸皇帝『カイゼル』の『朕の統帥権』の思想にて断じて我が大元帥陛下の統帥権に非ず」と断じ、「吾人青年将校は一日も早く真の国体に則る天皇の兵馬の大権を奉じて腐朽崩壊せんとする旧統帥権なるものを打倒駆逐せざるべからず」と結んでいる。

1929年10月、アメリカのウォール街から始まった世界恐慌は日本をさらに深刻な不況へとおとしいれた。写真は1930年３月６日、フィラデルフィア市で行われた失業者大会

松浦少尉はベルギー国憲法は知らなかったであろう。しかし明治憲法の第十一条を旧統帥権とした確信は、非常に斬新であり、一木・穂積以降、ロンドン条約と、ある意味では論争され干犯問題を起こし、汚れ、もてあそばれた、と思える統帥権に対し、〝国体に則る〟真の統帥

権を求めている。

その内実はやや不明だが、「蹶起趣意書」には当然、この松浦少尉と同じ思念があったのではないか。さればこそ、事件があのように、西南戦争以来の国内の最大事件として爆発したともいえる。

東条英機首相・陸相が作成、一九四一年（昭和十六）一月八日、全軍に布告した「戦陣訓」の「第一皇国」に「戦陣の将兵、宜しく我が国体の本義を体得し」とある。太平洋戦争で兵士はこれを暗記させられて戦い死んでいった。

そして太平洋戦争の敗北・降伏の日まで、日本陸軍が断固として譲らず、降伏の条件としたのは、「国体護持」‼　だった。

「歴史を学ぶとは、現在という高所から過去を審《つまび》らくことよりは、かつて未来の闇に向って孤独な決定を行った人間の身になることであろう」（清水、前掲書）
「安藤起てば歩三は起つ」といわれた安藤大尉は最後まで事件参加を拒否し、二月二十二日に参加を決意した。その直前の日々の安藤大尉の姿を、新井《あらい》勲《いさお》中尉が『日本を震撼させた四日間』に書いている。
来る日も来る日も瞑想に耽っている深刻な安藤の姿が眼に映った。一時間でも二時間でも、かれはじっと腰掛けたままだった。掌を組んで額に当て、俯《うつむ》いたまま何時間も動かなかった。

それは悽惨とも言えるほど、悩める安藤の姿であった。

この「孤独な決定を」「未来の闇に向って」行動した人たちを、もう一度、深く深く知っていくこと、これが二・二六事件への新たな視点となるであろう。

〔史論〕二・二六事件②

北一輝の思想と青年将校

――決起の背景にある〝精神〟のつながり

田々宮英太郎（現代史懇話会主宰）

北一輝の「内的革新」を要因とした独特の思想は、革命将校たちの決起にいたった精神的な〝核〟として大きな影響を与えた。当時、発禁にされたその著『日本改造法案大綱』などに書かれた思想と、北の持つ人間性は、当時の若手将校を魅了する充分な力を持っていた。

肖像写真に見るその風格

北一輝の写真で残っているものは少ない。二十四歳（注：数え年、以下同じ）で社会的に名を知られるようになってからの写真ともなると、寥々《りようりよう》たるものである。戦後の研究書に、しばしば掲載される肖像写真はあるが、日本で写した唯一のものがそれであるようである。眉目秀麗にして、美髭をたくわえ、支那服もよく似合う。右眼は義眼のはずだが炯々として、遥かな彼方の一角を凝視している。筋の通った鼻梁、真一文字に結んだ厚い唇――囚われ人の卑屈さなど微塵も見られない。

軍法会議の裁判長だった吉田悳《よしだしん》少将は、その手記で「十月一日　北、西田第一回公判。北の風貌全く想像に反す。柔和にして品よく白皙《はくせき》。流石に一方の大将たるの風あり……」と述べている。初めて見る北一輝に格別の印象を持ったようだ。

裁判長ともなれば、被告の経歴、思想に詳しく通じていたわけだが、それらを含めての感嘆だったとしたら、北の人物評価に迫るものがあったのかもしれない。

殊に一九二〇年（大正九）、支那から帰国以来は、かねて帰依する法華経への信仰生活を続けていた。あまつさえ、妻すずに霊告を吐かせるという呪術によってカリスマ的存在であった。自らは「竜尊」と号し、周辺からは「高天原《たかまがはら》」とも「魔王」とも呼ばれた。

数少ない北一輝の写真の１枚

それらを、身のほど知らぬ自惚《うぬぼ》れとか、自己瞞着として無視するのは簡単である。しかし、二十四歳の若さで『国体論及び純正社会主義』の大著を著し、三十四歳にして『支那革命外史』を完成、要路に頒布している。三十七歳で『国家改造案原理大綱』（後の『日本改造法案大綱』）を執筆した。この前後には、ほかに幾多の建白書や怪文書を執筆し、見識のほどは隠れ

2・26事件の判決を伝える1936年7月7日、『東京日日新聞』の号外。死刑になった17名のうち（その後2名死刑）、北だけが顔写真が載せられていない

もなかった。

だが、北の本領は、これに止まらない。むしろ実践活動にこそ真骨頂があったと思われる。「中国革命同盟会」に入党したのは、一九〇六年（明治三十九）で、二十四歳。はやくも神田錦輝館での演壇に立っている。武漢革命では、盟友・宋教仁の招きと黒竜会の応援で、一九一一年（明治四十四）十月末に上海に渡る。武漢、南京の革命戦に身を挺している。時に二十九歳から三十一歳にかけてのことで、兵馬倥偬《こうそう》の三年間であった。

一九一六年（大正五）、三十四歳で再び中国に渡る。一九一九年ともなると、五・四運動が起こり、その騒ぎを窓外に眺めながら『国家改造案原理大綱』を執筆したのである。一九二〇年、大川周明の招きに応じて帰国、猶存社に拠って日本改造の政治活動をはじめる。

北は、自ら革命家をもって任じ、口舌の徒を白眼視した。彼は著書の序文で述べている。

「大石良雄を行動する者と浪花節語りとを混同する現代日本人から劇的興味をもって視られるこ

とは、不快この上もない。自分は芝居をみることも欲せず、歴史もその大部分は忘却の屑籠に投げ込んでいる。文学と所作事に感激する程度の者は敵でも味方でも御免を蒙りたい」（第三次公刊「改造法案」序文）

大石良雄と浪花節語りとを並べるところ、すこぶる味のある比喩ではないか。前者と後者に画然たる一線を引いているところ、己れに恃《たの》むところがなければ吐けない言葉だろう。口に革命の言辞を弄し、実態は稿料稼ぎに過ぎない輩に一矢を酬いたものだろう。

翻って、先にあげた北一輝の肖像写真であるが、『北一輝著作集』第三巻（高橋正衛、松本健一共編）の巻頭にあるものを、まず対象にしよう。その下部に「二・二六事件直後、警視庁に出頭の際、警視庁写真班が撮影せるもの」という説明が付されている。更に「本巻のテキストについて」には「肖像写真」原田政治氏と所蔵者を明記している。思うに原田氏の提供したものであり、写真説明も、原田氏の語ったものかもしれない。しかし、果たして鵜呑みにしてよい説明なのだろうか。

北に関する研究書で、戦後初めて公刊されたものに、田中惣五郎の『北一輝』（未来社刊、一九五九年）がある。この巻頭にも北の肖像写真が掲載されている。「はしがき」で、「なお、北一輝の肖像は、昭和十一年二月二十八日、即ち二・二六事件直後のものである」と記している。ここで見逃せないのは、「二月二十八日」という特定の日付を提示していることだろう。しかも、警視庁も写真班もそこには出てこない。あるいは、肖像写真そのものが別物ではないか、という疑念が生じるかもしれない。両者を比べて、支那服その他に墨色の濃淡がみられる。しかし、これは別物ではなく、原版が共通していることは、顔のポーズが同一なことからもわかることである。宮本盛太郎著『北一輝研究』（有斐閣刊、一九七五年）の写真には室内を窺わせる背景があり、一見別物のようにも見えるが上記二葉と同一のものである。

先の写真説明に戻ると、「事件直後、警視庁に出頭の際」とあるのは納得がいかない。

北が中野区桃園町の自宅で逮捕されたのは、事件第三日目の二月二十八日の夕方であった。しかも逮捕したのは東京憲兵隊で、警視庁ではない。北が憲兵隊の取り調べから警視庁に回されたのは三月十七日のことである。自発的な「出頭」などであろう筈がない。従って、『著作集』の説明には信が置けないことになる。そこで注目されるのが、田中版にある「二月二十八日」という日付である。これなら「事件直後」とも符合する。この日付に当たるのが、北の東京憲兵隊留置であった。憲兵隊には完備した写真班があった。それだけに、肖像写真も憲兵隊で撮影されたと見るのが筋であろう。

「反乱」の罪により銃殺

北一輝は、二・二六事件の首魁《しゆかい》として、一九三七年（昭和十二）八月十九日、代々木練兵場で銃殺された。首謀将校と同じ「反乱」の罪である。特設軍法会議の「公訴事実」を見ると、その一項で次のように述べられている。

引き揚げる決起部隊の脳裡を横切るものは何だったのだろうか

「今年二月十八日、西《にし》田《だ》税《みつぎ》より村中、磯部、香田、安藤、栗原らの青年将校ら相計り、統帥権干犯者及び君側の奸を除去する為、第一師団渡満《とまん》前に決起するとの事を聞き、『兵馬大権の干犯者を討つは大義名分に恥じず、他は枝葉末節なり』との神霊ありとて、青年将校の決起の決意を煽動《せんどう》せり」と。更に結びとして「自己の抱持せる国家改造法案大綱の実現を為さしむべく、純真なる青年将校を啓蒙し、帝都を擾乱し、国憲、国法に抗せしめたるものなり」と論難している。

そこにあるのは「煽動」「啓蒙」などの文句ではあっても、「計画」「指揮」などという事件と直接結びつく文字は見当たらない。陸軍刑法でいう反乱罪の首魁とは「事件を計画し、指揮した首謀者」の意味だが、北の場合、これに当てはまるものは見出せない。良心的な裁判官なら、こんな不都合を見逃す訳はない。吉田裁判長は「手記」で「十月二十二日、北、西田論告。論告には殆んど価値を認め難し。本人又は周囲の

1921年、安田善次郎（上）を刺殺した朝日平吾（右）も北の影響を受けていた。この後の浜口首相狙撃事件や血盟団事件、5・15事件などにも、北は大きな影響を与えた

陳述を籍《か》り、悉く之を悪意に解し、しかも全般の情勢を不問に付し、責任の全部を被告に帰す」と述べている。事件の全貌に通じる裁判長の意中だけに、事は重大だろう。しかも、意中に止めず、軍中央に上申書まで提出している。「しかし、如何ともする」ことができなかった。これは、死刑判決に至る経過の一斑に過ぎない。しかもなお、北と青年将校との関係からは「首魁」としての行跡を発見するのは困難である。事件勃発の二月二十六日、北を訪問した中野警察署特高主任・大橋秀雄の報告が、北を断罪する証拠だと大仰に取り上げている物好きもいる。

しかし、北は、既に一〇項にわたり、逐一反駁ずみのことである。例えば「報告」第六項の「先日あるものより、宇垣、南、小磯、建川は斬らなければならぬと云っていた。宇垣、南は、あるいはやられるかも判らない」に対しては、「皇道派が決起したのだと云ふことなれば、宇垣さんや、南さんは危ないでせうと尋ねましたので、私は拡大せば誰の身に如何なることが起るか、それは判らないさ、と云ふ軽い返事をしただけであります」と答えているが、他の項目についても不確かで作られた形跡が読みとれる。

「此の警官は、其の日と数十日前に一度、前後二回私方に来た人でありますから、人物も知らず、殊に警官に対し、常識あるものが、列挙してある様なことをべら〳〵と話す道理はありません。私の感じでは、この警察の報告書は二十六日の日に書いたものでなく、稍《やや》落付いてから、何か故意に書いたものではないかと思ひます」（一九三六年三月十三日、憲兵隊第五回聴取書）と述べている。

そこには、言い訳や、逃げ口上は感じられない。磯部浅一《いそべあさいち》も、北との関係を否定して述べている。「近年の青年将校の維新運動は、十年前に比し非常に成長して、独立独行することが出来る様になりました。一人歩きが出来る様になると、他人の世話をいやがる心理は、子供も大人も持ってゐます。青年将校の運動にも、この心理が働いて居りましたので、北、西田の指令どころか、相談もせずに蹶起したのです」（『獄中遺書』）

こうして、北や西田税が首魁でないとすれば、当然ながら青年将校の中に首謀者がいると見ねばなるまい。軍法会議で首魁とされた青年将校は、香田清貞《こうだきよさだ》、安藤輝三《あんどうてるぞう》の両大尉、栗原安秀《くりはらやすひで》中尉であり、元大尉の村中孝次、磯部浅一らであろう。彼らに対する断罪が妥当かどうかは別として、その行動軌跡はほぼ明らかになっている。

一九三二年（昭和七）の五・一五事件で、西田税が撃たれた時、在京の革新将校が順天堂病院へ駆けつけた。菅波三郎、大蔵栄一、村中孝次、香田清貞、安藤輝三、栗原安秀の顔ぶれである。西田との間に濃《こま》やかな思想の繫《つな》がりがあったためだが、西田とは師弟関係にある北も、また病院に駆けつけている。

これを機縁に北の影響力は、西田を通じ青年将校間に拡がっていった。二・二六事件は、これらの革新将校が主体であり、第一師団の満州派遣を直接の動機として決起したものである。決起自体はあくまで青年将校の謀議によるもので、北、西田はむしろ敬遠され、棚上げされた格好である。

従って軍法の面からは、北、西田を首魁とするには多分に無理がある。こんな無理が通るようなら、真崎甚三郎《まさきじんざぶろう》大将、山口一太郎《やまぐちいちたろう》大尉なども首魁でなければ権衡《けんこう》が保てまい。しかし、こうした法的側面のほかに、事件には思想的な側面もあったことを知らねばなるまい。

革命将校たちが魅せられた思想

獄中の北について、当時の東京衛戍《えいじゅ》刑務所長、塚本定吉はこう述べている。

「事件に連坐した北は入所以来、携帯してきた『法華経』（本人は日蓮上人御所持の経巻だといっていた）を、朝夕一心不乱に読誦していた。机の一端を静かに打ちながら読経する彼の姿は、拘禁の身など意に介しない、まさに今上人とでもいえるような態度であった」（『日本週報』）

この落ち着きはどこから来ているのだろう。日蓮につながる殉難の意識にもよるのだろうが、自らの責任を逃げてはならぬという覚悟からきているのではあるまいか。処刑の二日前、刑務所

5・15事件がきっかけで、北一輝は初めて栗原、安藤らと会うことになる。写真は青山の第1師団司令部で行われた5・15事件の陸軍の軍法会議

を訪れた、実弟の北昤吉代議士に、「私はこの事件には何らの関係はないが、これは私の思想の抹殺の為に行われたものだ。だが、私の書物を愛読していた幾人かの青年将校を死へ追いやっているので、私は責任を問われれば、責任を負う。例え、私が無罪放免になっても、他の諸君の後を追って自殺する」(『謀られた北一輝』)と語っている。

死を受容するだけではない。進んで自決するとまで言い切っている。それにつけても「私の思想の抹殺の為に行われたものだ」とは、示唆《しさ》に富んだ言葉ではないか。革新将校たちに愛読された書物とは『国体論及び純正社会主義』であり、『支那革命外史』であり、『日本改造法案大綱』であった。『日本改造法案大綱』の結語では「故ニ強ヒテ此ノ日本改造法案大綱ヲ名ケテ日本民族ノ社会革命論ナリト云フ者アラバ甚ダシキ不可ナシ。然シナガラ若シ此ノ日本改造法案大綱ニ示サレタル原理ガ国家ノ権利ヲ神聖化スルヲ見テ、『マルクス』ノ階級闘争説ヲ奉ジテ対抗シ、或ハ個人ノ財産権ヲ正義化スルヲ見テ『クロポトキン』ノ相互扶助説ヲ戴キテ非議セント試ムル者アラバ、其ハ疑問ナク『マルクス』ト『クロポトキン』ノ智見到ラザルノミト考フベシ。

彼等ハ旧時代ニ生レ其ノ見ル所欧米ノ小天地ニ限ラレタルノミナラズ、浅薄極マル哲学ニ立脚シタルガ故ニ、躍進セル現代日本ヨリ視ル時単ニ分科的価値ヲ有スル一二先哲ニ過ギザルハ論ナシ」と述べている。

さらに続けて「日本国民ハ速カニ此ノ日本改造法案大綱ニ基キテ国家ノ政治的経済的組織ヲ改造シ以テ来ルベキ史上未曾有ノ国難ニ面スベシ。日本ハ亜細亜文明ノ希臘《ギリシヤ》トシテ已ニ強露波斯ヲ『サラミス』(注:ギリシャの小島、この近海で前四八〇年、ギリシャ艦隊がペルシャ艦隊を破った)ノ海戦ニ砕破シタリ。支那印度七億民ノ覚醒実ニ此ノ時ヲ以テ始マル。戦ナキ平和ハ天国ノ道ニ非ズ」と説く。

その内政、外交に関する歴史的認識は、独創と鋭角に充ちている。視野の広さにおいても、当時にあってはずば抜けた見識だった。この見識と予言者的な名文こそ、革新将校を引き付けてやまなかった。

彼の思想が独、伊のファシズムと同列に論じられたりするが、凡そ似て非なるものだろう。まず、誕生の時期において異なる。ファシズム運動の中心であったイタリアで、ムッソリーニのファシズムが誕生したのは、一九一九年三月である。またドイツの場合、ナチスの前身である「ドイツ労働者党」の結成は、一九一九年一月で、いずれも第一次大戦の終息直後のことである。ところが、北一輝の場合、その思想的根拠が据えられたのは『国体論及び純正社会主義』で、それが出版、発禁となったのは、一九〇六年（明治三十九）五月のことである。つまり、イタリア、ドイツのファシズムの誕生より、遥か以前のことだ。

また、内容についても、大まかにいって独伊では、「下からのファシズム」だが、北が意図したものは、「上からの革新」である。しかも、階級闘争よりも、精神的な「内的革新」に眼目があった。総じて日本の伝統に照応する独特のものである。

また、二・二六事件の火種ともなった国体明徴運動の矛先は、天皇機関説に向けられていた。ところが、北一輝の思想は天皇機関説であるとして、一部に問題にされた。そこには、運動の目標と思想理念という次元の違いはあるにしても、その矛盾は避けられなかった。にもかかわらず、北の思想理念に先見性のあったことは周知の通りである。

衆愚を嫌う孤高の革命家

ところで、北に対する魅力は、こうした独創的な思想だけにあったのではない。

「思想は進歩するなんど云ふ遁辞を以て五年十年、甚しきは一年半年に於て自己を打消して恬然恥なき如きは、――政治家や思想家や教師や文章家は其れでも宜ろしいが、――革命者として時代を区画し、幾百年の信念と制度とを一変すべき使命に於て生れたる者の許すべきことではない。純粋の理論を論説して居た二十台《ママ》の青年だろうが、千差万別の事情勢力の渦流に揉みくちゃにされて一定の航路を曲げ易い三十台《ママ》だろうが、已に社会や国家に対して言説をなし行動を取った以上は年齢や思想如何を以て免除さるべからざる責任を感ずべき筈と思ふ」（第三次公刊「改造法案」序文）

これほどの大言壮語は、だてや酔狂で吐けるものではない。「一貫不惑」の信念を持つ者だけに許される特権とでも言えよう。しかも、敢えてそれを吐くところ、革新将校ならずとも、その人間的魅力や気魄に打たれるのは当然だろう。

軍法会議の判決には不服でも、事件に及ぼした思想的な影響に至っては、北は断乎として逃げなかった。事件の勃発が真崎大将をめぐる葛藤だけに因るというなら、たかだか派閥抗争か、一揆に類するものでしかない。だが実態は多かれ少なかれ『日本改造法案大綱』に洗脳された革新将校たちの決起であった。事件に歴史的な意義が付与されるのは、この一事によっている。昭和初年の日本を洗ったマルクス主義の流れを思い起こしてみるがよい。マルクス主義の聖典の一つに『共産党宣言』があった。『日本改造法案大綱』は、まさに革新将校にとっての聖典だったのである。

こうした意味からは、聖典の著者である北一輝が、事件の勃発に思想的な一役を買っていたことを覆うことはできない。一九名の処刑に当たり、悠揚迫らぬ態度で死所に臨んだのは、北を以

2・26事件後、北が最初に連行された憲兵司令部

て最とする。まだ初老ともいえぬ五十五歳の働き盛りだった。

「すわるのですか、これは結構ですね。耶蘇や佐倉宗吾のように立ってやるのはいけませんね」。最期の言葉がこれである。その死を耶蘇や宗吾になぞらえるところ、殉難者としての矜恃さえ窺える。

「無言の死を以て国に殉ずるのに、一諾の誓に勇んで火中に投ずる義を信念として」とは、彼の文章に出てくるものだが、この言葉の信憑性を身をもって証明したことになる。死んで生きるとは、こんな死に方を指すのではあるまいか。

事件も近づいた一月二十三日付の、北の書簡にみよう。大陸浪人実川時治郎に宛てたペン書きである（原文のまま、傍点は引用者）。

拝啓

1971年、東京・目黒不動尊にも北の門下生により墓が建てられた

原田君より老兄立候補ヲ断念せしか故に安神しろと御知せ有之候。

悪爺と雖も持つべき者ハ朋友とつく〴〵難有存候。

原田君は時々赤痢を垂れ流して諸友を震駭せしめ、老兄は又グズ〱言はゞ代議士になるぞと周囲を威嚇申す。脅かされ通しに御座候。

親御様から満足に生み下され候御からだ、アンナ恥かしき渡世は今後共思召しなされさるやう祈上候。

一九三六年の危機とハ赤痢と立候補なりしか。天気清朗、難有し難有し。

再拝

一月二十三日　北一輝

実川賢兄　机下

流れるような筆跡ながら、きらめくものを同時に感じさせる。そして諧謔《かいぎゃく》を交えた文面にも、凜《りん》とした志操が潜んでいる。代議士を恥ずかしき渡世などと見るところ、凡俗の視点からは隔たるものだ。

この年の二月二十日行われた総選挙に、実川が出馬を取り止めたことに喝采を送っているのである。代議士など政治家とは名のみ、体のいい利権屋に過ぎない。まして思想的にはとるに足らぬ存在だと、北には見えたのだろう。衆愚を嫌い、同志的結集を革命にめざしたのが、北の有り様である。

指導者というよりアジテーターとしての資質が濃く、そうした意味で、あるいは孤高の革命家と呼ぶべきかもしれない。

〔史論〕二・二六事件③

二・二六事件と新聞報道

——銃剣と戒厳令下の言論人たち

前坂俊之（静岡県立大学名誉教授・ジャーナリスト）

二・二六事件勃発時、在京各新聞社は当然のことながら事件の概要をキャッチしていた。しかし、この日、紙面で報じたのは『東京夕刊新報』だけだった。このため東京市民は事件の真相を知らされないまま、不安な時を過ごさなければならなかった。なぜ、各新聞社はこの大事件の第一報を報道しなかったのか……。

反乱軍と対峙した『朝日』の緒方主筆

その日、『東京日日新聞』（現『毎日新聞』）の社会部記者・鈴木二郎が宿直室でフトンにもぐり込んだのは、午前三時ごろであった。外は雪が積もり、底冷えのする寒さで、一パイひっかけて他の宿直員二人、写真部員一人の計四人でタタミとそれを囲む形の二段ベッドで横になった。

しばらくしてまくら元の電話が鳴った。反射的に時計をみると、午前五時半を少し回っていた。

帝都に青年將校の襲撃事件
大阪朝日新聞
岡田首相ら即死す
齋藤内府、渡邊教育總監
高橋藏相、鈴木侍從長負傷
非常警備の處置をとる
首相、内府、教育總監
昨暁襲撃され即死
青年將校等·重臣を襲撃
國體擁護を目的に蹶起
首相、内府、教育總監即死
侍從長重傷、藏相負傷
内閣·總辭職を決行す
後藤首相代理辭表捧呈
第四師管下
大阪は何ら異

事件の第一報を報じる『朝日新聞』と『東京日日新聞』

「いま首相官邸が襲われている。軍隊が襲っている！」

電話の主は興奮しており、おそろしく早口でしゃべり、一方的にガチャンと切った。

鈴木記者は一瞬「また、いたずら電話か？」と思いながらも真に迫った声に起き上がり、白井鑑三写真部員をともない自動車で官邸に向かった。

日比谷公園のはずれにさしかかると、当時の拓務省（現在の東京地裁付近）と堀端を結ぶ道路に銃を持った兵士十数人が並んでいた。自動車でそのまま「新聞社だ」と叫び、通り抜けようとしたが、ピストルを構えた軍曹が「新聞社もクソもない！　帰れ」と血相をかえて怒鳴った。

二人はここで初めてただならぬ大事件発生を知り「革命だ！」と仰天して、社へ引っ返し

不安な表情で市電を待つ市民たち

た。その間、『東日』編集局には反乱軍が襲撃した各地の情報、大官の悲報が矢継ぎ早に入り、社内は騒然としていた。

午前六時十分には、東京から専用電話で名古屋、大阪、門司の各本社へ「ただいま東京では五・一五事件以上の大事件が起こっている」と急報された。三社の当直員は直ちにその速報で号外を出した。午前八時すぎに内務省から「記事掲載禁止」の通達が出たが、すでに大部分の号外は配達後であった。特に、九州では内務省の通達は福岡県当局まで二時間かかった。これを見越して『東日』西部総局では各支局に手配して逸早く号外を発行、通達が届いた時は一枚の号外もなかった。号外戦では『東日』が完勝した。

『朝日』はどうだったのか。

『東京朝日』への速報は午前五時すぎに、整理部員から北野整理部長にもたらされた。宿直の社会部員四人は同五時半ごろ、社会部長からの緊急電話でたたき起こされた。電話と電報によって、全部員に一斉に非常招集がかけられた。緒方竹虎主筆にも宿直員から「斎藤内大臣、岡田総理、高橋蔵相がやられた」との連絡が入った。

緒方は「高橋」を「高石」(『東京日日新聞』主筆、高石真五郎)と聞き違え「高石がやられたのならば、当然自分もやられるに違いない」と覚悟し、車で社に向かった。社について「高石」ではなく、高橋蔵相の勘違いと気がついた。

反乱軍部隊はトラック三台に分乗し、午前九時すぎに東京朝日本社に現れ包囲した。反乱軍将校がピストルを片手に一階の受付に面会を求めてきた。

以下は生命を賭して対決した緒方の証言である。

「……守衛が上がってきて『今、反乱軍の将校がやってきて社の代表者を出せといっています』という。『いよいよやって来たな』と思って、そばに美土路昌一君らがおったが、『僕が代表者だから会おう』と答えた。

大阪に電話をかけて『これが最後になるかも知れぬ』と告げた。編集局を出ようとすると、鳥越雅一君がエレベーターのところまで追ってきて『大丈夫か』と聞いた。

社内の人が騒いでケガ人など出しては困ると思って『静かにするように……』と伝言してエレベーターに乗った。降りれば殺されると思って、ネクタイを直して降りると、一段と低くなった所に中尉の肩章をつけた将校が眼を真っ赤にして立っている。『こいつだな』と思って『私が社の代表者だ』と名刺を出した。ところが、ちょっと会釈するような恰好をみせたので、これなら大したことはないなと感じた。見ると、足を踏んばって右手に拳銃を持っている。腰のあたりをゴソゴソやっていたから、気味わるかったが、無言のままで双方が対峙した。非常に長い時間のように思われたが、二十秒か三十秒くらいなものだろう。……その将校はいきなり、右手を高くあげ天井を見ながら大声で『国賊朝日をやっつけるのだ』と怒鳴った。それで『ちょっと待ってくれ、社には女も子供もいるんだから、それを出すまで待ってくれ』と言ったら、『すぐ出せ』といった」

緒方が三階の編集局に戻ると、「生きていたのか」と他の幹部が喜んで飛んできた。緒方は全員に退去するよう指示した。兵隊たちはその後、どんどん上がってきて工場の活字ケースなどを倒して引き揚げた。輪転機のある部屋はヨロイ戸が下りていたため、無事だった。被害は軽微だった。活字ケースは多少破壊されたが、夕刊発行には支障はなかった。しかし、反乱軍を刺激することを恐れて、夕刊発行は見合わされた。

軍の報道規制で活字にできず

この反乱軍の決起に対して、内務省警保局は午前八時すぎ、記事掲載のいっさい禁止を電話で通告した。憲兵隊本部も各社幹部を出頭させ「当局公表以外は絶対に掲載を禁止する。もしも、多少でも侵すものは厳罰を以て報ゆる」と厳しく警告した。

戒厳司令部で記者団に事件の進展を発表する松井少佐

一方、反乱軍将校は午前九時前に『朝日』を皮切りに『電通』『東京日日』『国民』『報知』『時事新報』の各社を回り、「蹶起趣意書」の掲載を要求した。社によっては社の代表が「蹶起趣意書」を受け取り、社員を非常招集し、趣意書を読み上げ「今後はこの方針に従って新聞を編集する」と声明したところがあるなど、状況は混乱を極めた。

『東京朝日』は夕刊を混乱を避けるために休刊し、大部分の新聞はこの未曾有の大事件について報道しなかった。その中で、敢然と報道禁止に挑戦し、当日の夕刊で事件の概要を報じたのは『東京夕刊新報』だけであった。第一面トップ四段抜きで「少壮軍人クーデターを行い殺気惨澹の帝都、蔵相、重臣暗殺の報に人心恟々たる不安の二月二十六日」の見出し。さらに中五段抜きで「将兵一千名蹶起、重臣閣僚を一斉襲撃」の見出しが躍っていた。午後四時ごろ、ようやく発売禁止となり、スタンドから押収されたが、その間、飛ぶように売れた。

『報知』は反乱軍の「蹶起趣意書」を副社長の指示でゴシック活字で全文を一面に掲載、あとで削るように命令され、白紙のまま発行した。『時事』は夕刊一面トップで「株式取引所の立会停止」を報じ、重大事件が起こったことを暗示した。

この日、陸軍省が初めて事件の概要を公表したのは発生以来約十三時間が過ぎた午後八時十五分のことであった。この間、さまざまなウワサや流言蜚語が飛びかい「東京は全滅する」「戦争が始まった」「荒木と真崎が反乱軍を指揮している」といった〝怪情報〟が東京中に広がり、市民は不安にかられた。特に、大事件が起こっているのに、新聞が一切報道をしないことが一層人心を不安にさせ、地方の動揺ははなはだしかった。

戒厳令は二十七日未明にしかれた。事件勃発とともに各新聞社は憲兵隊本部へ押しかけたが、事件に関するニュースはすべてラジオで発表され、新聞、通信はあと回しにされた。

このため、各社はラジオにしがみつき、ラジオで放送されたニュースを速記して紙面に掲載するほかなく、ラジオに手も足も出なかった。

戒厳令がしかれて以来、軍人会館に戒厳司令部が設置されたため、各社もここに記者を送ったが、重大ニュースの発表はますますラジオ専用となり、ラジオさえ聞いていれば新聞は不用という状態に陥ってしまった。

都新聞

號外 昭和十一年二月廿九日

本紙に再錄せず

南部麴町區付近の叛徒を斷乎鎭壓

官民特に平靜を要す

今朝戒嚴司令部の發表

＝戒嚴司令部告諭第二號廿九日午前六時發表＝

本職は更に戒嚴令第十四條全部を適用斷乎南部麴町區付近に於て騷擾を起したる叛徒の鎭壓を期す、然れども其地域は狹小にして波及大ならざるべきこと豫想するを以て、官民一般は前告諭に示す兵力出動の目的をよく理解し特に平靜なるを要す

昭和十一年二月廿九日　戒嚴司令官　香椎浩平

遂に勅命に抗す

已むなく武力解決

凡ゆる手段を盡せり

(戒嚴司令部發表、第四號、二月廿九日午前六時)二月廿六日朝蹶起せる部隊に對しては各々其の固有の所屬に卽時復歸する事を各々上官より凡ゆる手段を盡し誠意を以て再三再四說諭したるも、彼等は

戒厳司令部の発表を伝える２月29日の『都新聞』号外

しかも、戒厳司令部の新聞への取り締まりは厳しく、ラジオの公表を速記して新聞に一つひとつそのまま掲載するのはいいが、それ以外は断じてダメとしていた。

速報性や報道でもラジオに抜かれ、真相や事実は報道禁止で書けず、暴力の前に批判の論調も恐ろしくて抑えざるを得ない、という三重苦に新聞は陥ってしまったのである。

銃剣の前に沈黙した〝社会の木鐸《ぼくたく》〟

二・二六事件は新聞にどのような影響を与えたのか。それまで半死の状態であった言論の自由はこれによって完全にトドメを刺されたのである。

一九三二年（昭和七）に起きた五・一五事件では『大阪朝日』や菊竹六鼓の『福岡日日新聞』（現『西日本新聞』）の激しい軍部批判、テ

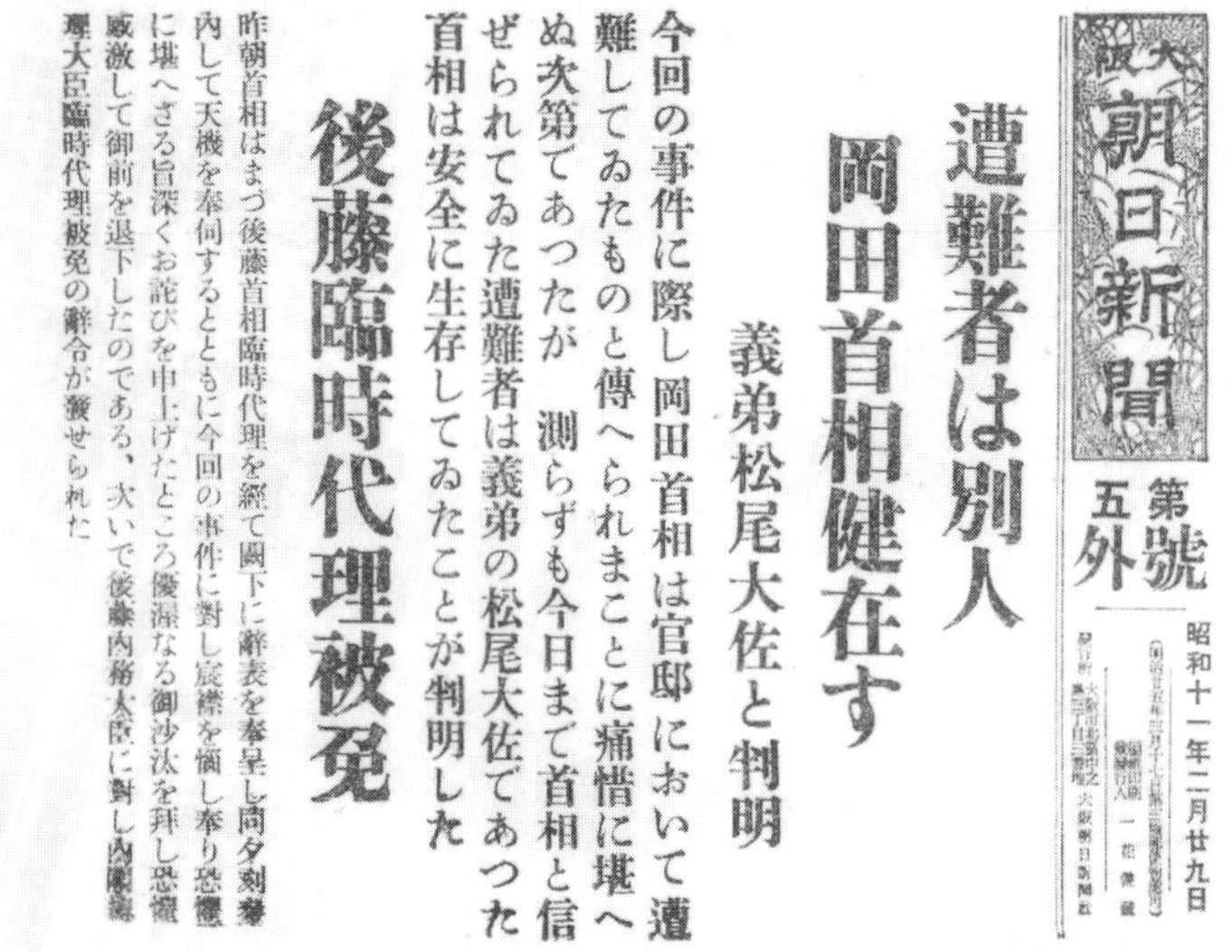
大阪朝日新聞

第五號外

昭和十一年二月廿九日

遭難者は別人
岡田首相健在す

義弟松尾大佐と判明

今回の事件に際し岡田首相は官邸において遭難してゐたものと傳へられまことに痛惜に堪へぬ次第であつたが　測らずも今日まで首相と信ぜられてゐた遭難者は義弟の松尾大佐であつた首相は安全に生存してゐたことが判明した

後藤臨時代理被免

昨朝首相はまづ後藤首相臨時代理を經て闕下に辭表を奉呈し同夕刻參内して天機を奉伺するとともに今回の事件に對し宸襟を惱し奉り恐懼に堪へざる旨深くお詫びを申上げたところ優渥なる御沙汰を拜し恐懼感激して御前を退下したのである、次いで後藤内務大臣に對し内閣總理大臣臨時代理被免の辭令が發せられた

同じく29日に出された「岡田首相健在」の号外

ロ攻撃の社説が掲載され、新聞の抵抗も一部にはみられた。しかし、四年後に起きた二・二六事件では批判は影をひそめた。特に、反乱軍が『朝日』をターゲットにして東京本社を襲撃したため、緒方竹虎主筆が体を張って対決し被害を最小限度にとどめたものの、言論面では批判色を一挙に後退してしまった。

『東京朝日』は二十九日付で緒方がペンをとり「一億臣民一致の義務」という社説を掲げたが、国民に代わって真正面から暴力、テロを批判し、軍部ファッショと対決するものではなく、軍部の腐敗の責任を政治の刷新、国民の義務にすり替えたものであった。

「不祥事は国の内外の驚きであり、今更いう言葉を知らぬのであるが、これを機会に国体を一層安泰にし、政治の刷新に邁進することが、国民全体の負担する第一の義務であると信ずるのである……」

この社説は社内で持ち回りにされ、気になるところが削られたため緒方自身が「何とも知れぬ変なものになった」と弁解している。

事件以後、社論を統一する会議が開かれ、上野精一社長が出席、広田内閣支持を主張、緒方も軍部の攻撃から政府を擁護するため、広田内閣の支持に回った。しかし、論説委員はこれに強い不満をもち対立した。当時の論説委員の一人、前田多門はこう回想している。

「二・二六事件の雪の朝、緒方主筆の銃剣の前に示した従容の態度は感嘆に値するものがあった。しかし、その後数日にして行われた社長を交えての論説会議の際、異例にも爾今、広田内閣を援助する方針との提議が出されたときは何となく、わが事畢《お》わりぬとの気持を感じさせられた」（前田多門著『その文・その人』）

前田多門は結局、一九三八年（昭和十三）四月に『東京朝日』を去り、論説委員の関口泰もこれが一つの要因となり、翌年十一月に退社した。

五・一五事件で軍部批判を真正面からやった菊竹六鼓の『福岡日日新聞』も、二・二六事件では大きく後退した。同紙は社説で取り上げるのを見送り、三月三日付「強力内閣のその力、何れに求むるか」で取り上げた。菊竹が執筆したものだが、冒頭で、

「本欄は二十七日以来今日まで、ほとんど怠業の連続である。熱心なる読者諸公は何んという醜態ぞ、と眉をひそめたであろう。けれども、それは法規の止むを得ざる結果であった。多少はあ

るいは大いに卑怯も手伝ったであろう」

と謝罪しており、五・一五事件でみせた気迫はすでに消えうせていた。

これに対して、数少ないが言論の真骨頂を示した新聞もなくはなかった。その一つが『時事新報』で勇気をもって二・二六事件と対決した。社説部長の近藤操は「銃剣に抵抗した新聞社説――二・二六事件と時事新報の体験」（『総合ジャーナリズム研究』一九六六年八月号）でこう回想する。

二十六日、陸軍の発表が夜になるといい、社説は午後八時締め切りなので、取り扱うのは無理な情勢となった。近藤はこれだけの大事件を社説で取り上げないことに内心、じくじたる思いであった。『朝日』の緒方は書くかもしれないとの不安が去らなかった。翌日の朝刊を見るのが恐かった、という。

敢然と筆を執った勇気ある言論人

二十七日朝、どの新聞も社説でこの重大事件にふれていなかった。ホッとすると同時に情けない気持ちを覚えた。近藤は今日こそ事件を社説にする決意だった。ところが、反乱軍が再び新聞社を襲撃するという情報が乱れ飛んだ。重役会が開かれたあと、松岡正男会長が「形勢が不明なので他の問題にしてくれないか」と頼んだが、近藤は拒否した。

「事件の社説を今日載せないのは重役会の決定なのか」と近藤が聞くと、松岡はそうだと答えた。

近藤は毅然とこう言い切った。

「時事の社説は、時の重要問題を恐れて避けないのが独立自尊の伝統である。社説部長の職にある限り、私は決定に従うことはできない。自分は即刻、現職を辞して退職する」

結局、近藤の筋の通った主張に、松岡は非を認め「事件を思うとおりに論評してくれ」と折れた。近藤は二十八日付で「偉大なる日本国民の沈着」という社説を書いた。各紙ではトップであった。

以後、二・二六事件はもちろん、軍部への厳しい批判、粛軍論もこのあと『時事新報』が廃刊になる一九三六年（昭和十一）十二月末まで計六〇本もの社説を書きまくった。

近藤がズバズバ社説を書きはじめると、社内からは「あんな勝手なことを書いている社説部は少人数だから、襲撃があってもすぐ逃げられるが、編集局の人間はどんな損害を蒙るか知れない」「あんなにズケズケ言ってよく陸軍がだまっているものだ」との声さえ出た。

しかし、近藤は一歩も後には引かなかった。結局、戒厳司令部の新聞班からの注意はわずか一回だけで、それまであった右翼や軍人団体からの軍論脅迫もピタリとやんで、まるで拍子抜けの感じであった――と近藤は回想する。

桐生悠々は『他山の石』で二・二六事件をズバリと批判した。

「皇軍を私兵化して国民の同情を失った軍部」（一九三六年三月五日号）で胸のすく批判を展開した。

事件後、新内閣の組閣本部前では、夜を徹して待機する新聞社のテント村が見られた。3月5日、広田弘毅外相に組閣が下命されたが、陸軍からの要望によって組閣が難航し、3月9日にやっと広田内閣が成立した

「だから言ったではないか。国体明徴より軍勅明徴が先きであると。だから言ったではないか。五・一五事件の犯人に対して一部の国民が余りに盲目的、雷同的の讃辞を呈すればこれが模倣を防ぎ能わないと。

だから、言ったではないか。疾くに軍部の妄動を誡めなければ、その害の及ぶところ実に測り知るべからざるものがあると。だから私たちは平生軍部と政府に苦言を呈して、幾たびとなく発禁の厄に遇ったではないか」

「軍部よ、今日ざめたる国民の声を聞け。今度こそ、国民は断じて彼等の罪を看過しないであろう」

この勇気ある発言は読者から圧倒的な反響を呼び『他山の石』の声価は著しく上がった。しかし、官憲からの監視はますます厳しくなり、以後発禁につぐ発禁となった。

こうした例外的な勇気のある言論はごく一部で、『朝日』『毎日』『読売』といった大新聞は二・二六事件という軍部のテロ、暴力にふるえ上がり、言論の自由はトドメを刺されてしまった。二・二六事件以降、軍部は粛軍という御旗の下で、一層露骨に政治介入した。

五月十八日には長年の懸案であった陸海軍大臣を現役の大将、中将、次官は少将に限るという現役武官制を強引に復活し、組閣は軍部の思うままにできる体制を築き、内閣の死命を制してしまった。

これに対して、新聞の批判はすでになかった。

第3部

事件の群像

事件の群像〈特別手記〉

安藤中隊長に鈴木侍従長殺害の意志はなかった

中島粂治（旧姓・奥山、元歩兵第三連隊・軍曹）

安藤大尉はなぜ鈴木貫太郎《すずきかんたろう》侍従長にとどめを刺さなかったのか……。現場にいた元部下が初めて明かす事件の真相。

決起前日、夜九時の中隊長命令

満州への出動を目前にして、部隊は連日、猛訓練に明け暮れていた。

その日、一日の締めくくりとも言える夕方点呼後の内務班教育が終了した頃、当番兵を通じて中隊長の命令が伝えられた。中隊の下士官全員、九時になったら中隊長室へ集合せよというのである。

一九三六年（昭和十一）二月二十五日――思えばこれが、私にとっての二・二六事件の始まりであった。

安藤中隊の軍曹だった中島粂治さん

当時の私は弱冠二十三歳。陸軍軍曹で、歩兵第三連隊第六中隊第一小隊に勤務していた。中隊長は、安藤輝三《あんどうてるぞう》大尉である。私が階級のわりに若かったのは、現役入隊よりも一年早く志願入隊していたためであった。

午後九時。他の下士官と連れだって中隊長室を訪れた。見るとそこには中隊の将校・下士官が全員集合している。

「来いと言うから行った」

そうした、ほんの軽い気持ちであった。しかし、そこで伝えられた中隊長命令は、きわめて衝撃的であった。

「明二十六日午前五時を期して、われわれは昭和維新断行のための行動を開始する。目標は鈴木貫太郎侍従長。これは中隊長命令である」

正確な表現の記憶はないが、安藤中隊長の言葉が実に単刀直入であったことだけは覚えている。

それだけに衝撃は大きかった。たしかに週に一度、木曜日に行われる中隊長の精神訓話で、

「御上を黒い雲が覆いかくしている。これをそのままにして満州へ出動するわけにはいかない」

との内容を、繰り返し聞かされてはいた。いつかはその日が来るかもしれない……そんな思いも

あった。

しかし、私にとって「いつか」はあくまでも「いつか」であった。その日を目前にして、一瞬だがたじろぐ気持ちが湧き上がったことは否めない。

だが、ためらいはすぐに消えた。上官の命令は絶対である。私はそう教わり、そう教えてきた。目標が誰であろうと、命令には従わねばならないのである。

命令によれば、午前一時に非常呼集をかけるという。訓練中の初年兵は、入隊してからまだ日が浅い。完全軍装の教育もまだである。非常呼集がかかってからでは間に合わない。そう判断した私は内務班に帰り、二年兵の主だった者に「非常呼集があるかもしれないから準備をするように」と耳打ちした。

私はその間、私物を整理するとともに郷里の両親に宛てたハガキを書いた。「昭和維新断行のために行動する」といった内容の、簡単な文面であった。

このハガキは侍従長官邸へ向かう行軍の途中でポストに投げ込んだが、これが後に検察官の手に渡り、命令に従っただけではなく、思想をもっての自発的な行動ではなかったかと苛烈な追及を受けるもととなる。しかし私にとって、この行動への参加は、やはりある種の覚悟を要することだったのである。

「殺すな！」と安藤大尉のささやき

午前三時三十分。一部の練兵休（軽い病気や怪我などで休養を許された兵）を除く中隊の全員が、営舎前に整列した。先日の大雪の名残りが営庭を覆い、営舎の窓からこうこうと照らす光に映えて銀色に輝いていた。現在でも忘れられない光景である。

「満州への出動をひかえ、靖国神社に参拝して武運長久を祈る」

中隊長の訓示の後、兵にそう告げて指揮班を先頭に行軍を開始した。

四列縦隊。その中央には、消防用として衛兵所に常備されているハシゴを二つに切断したものが隠されている。侍従長官邸の高い塀を乗り越えるためのものである。

事件当時の奥山（中島）軍曹

このハシゴに関しては後日談がある。

当時私は、営舎から侍従長官邸までの正確な所要時間、高い塀の存在などをどうして知ったのかと考えていた。こうした行動を起こす以上、入念な事前調査を行うことはもちろん当然のことだが、それを担当したのは中隊長の当番兵を務めていた前島伍長勤務上等兵だったのである。

「数回にわたって、安藤中隊長から九段の偕行社《かいこうしや》での買い物を命ぜられたことがある。その際、営舎から九段に至るコースを指示されて所要時間を調べること、途中にある交番の位置をチェックすること、それに侍従長官邸のまわりの様子を観察することなどを求められた」

と、戦後になってから前島氏が話してくれたことがある。

中隊長が、伍長勤務上等兵を当番兵に指名することはきわめて珍しい。しかも前島氏は中隊伍《ご》勤《きん》上等兵の中の最右翼、きわめて優秀な人材である。あるいは安藤大尉と前島伍勤上等兵とは、思想的に一脈通じた同志ではなかったか——私はそう考えている。

乃木坂、赤坂、麴町……交番の前を通るたびに、隊列の中に隠したハシゴを発見されて不審をもたれるのではないかと肝《きも》を冷やしながら、凍《い》てついた夜の街の行軍が続く。そして部隊が千鳥ヶ淵に差しかかった頃、中隊長が私と肩を並べながら、小声でささやいた。目標の侍従長官邸はすでに指呼《しこ》の間に迫っている。

「奥山、殺すのが目的ではない。傷ついて、わかってもらえばそれでいいんだ」

正確な表現は、すでに記憶にない。しかし、中隊長の言葉の要旨はそれであった。このことを述べるのは今回が初めてである。

侍従長官邸に乗り込んで、最初に侍従長を発見したのは私の分隊である。わずかに二メートル足らずの距離を隔てただけで侍従長と対峙しながら、私が銃の引き金を引かなかったのは中隊長のその言葉が理由であった。

また、武装した警官の護衛が官邸を守っていること、さらに侍従長自身が武器をとって反撃してくる可能性もあることを承知のうえで、邸内侵入直前に部下に発砲を禁じ、銃の安全装置をかけさせたのもそのためであった。

「殺すな！」

行軍途中での中隊長のささやきは、私にとっては〝命令〟だったのである。

とどめを刺さず軍刀を収めた

午前五時。表門と裏門の両面から攻撃を開始した。私の指揮する第三分隊は、裏門が持ち場である。

塀にハシゴをかけ、まず私が登る。塀から裏庭を覗くと、真っ暗闇である。人の気配はない。飛び降りる。その音を合図に次々と部下が続く。

小声で発砲を禁じ、安全装置をかけさせる。先ほど聞いた中隊長のささやきもあったが、暗闇の中での同士討ちを恐れる気持ちも強かった。

神経の緊張が極限にまで高まると、実に不思議なことが起こる。一寸先も見えない闇の中で、勝手口の位置がわかったのである。扉に銃剣を突き刺して二、三度ゆする。カギが掛けられていなかったのだろうか。軽い音とともに扉が開く。

さすがに、邸内の見取図までは用意されていない。ここから先はまったくの手探りである。

銃剣で闇を探りながら踏み込んだとたん、左手から女の叫び声が聞こえてきた。はっきりしないが、どうやら「私たちには関係がない」と言っているらしい。おそらく使用人だろう。部下にその部屋に入ることを禁じ、廊下らしいところをさらに奥へ進む。ほどなくして、銃剣が固いものに触れた。陶器のようだ。「便所だ」と直感して引き返す。左手に障子があった。引き開けて内部に踏み込む。何気なく右手を上げると、指先が電灯に触れた。スイッチをひねる。

電灯の光の下に、二組のふとんが見えた。手前のふとんに手を入れる。温かい。直前まで、体温で温められていた気配が残っている。

反射的に周囲を見回す。奥にふすまが見える。部屋か押し入れがあるらしい。

近づいて銃剣を二、三度突き入れる。反応はない。一歩下がって、静かに開ける。暗闇の中に寝巻姿の老人が立っていた。

老人は、電灯の光の中に歩み入ってきた。私は、侍従長の顔を知らない。だが、この老人が鈴木貫太郎侍従長その人だと直感が教えてくれた。

「どこの兵隊か?」

老人が口を開いた。「麻布三連隊六中隊」と私。

「何のために来たか?」

老人の重ねての質問に、「安藤中隊長も来ている。とにかく会ってもらいたい」と答え終わったその瞬間、右耳が「カァーン」と鳴った。侍従長の体が回転して倒れ込む。侍従長の発したのはこの二言であった。

ほんの少しの間だが、私の意識は途切れていたようだ。のちにわかったことだが、表門から侵入して駆けつけた堂込曹長の放った拳銃弾が、右耳をかすめたのである。

気がつくと、倒れた侍従長の傍らに無言の夫人がピタリと正座している。それまで夫人がどこにいたのか、いつ現れたのか、私にはいっさいの記憶がない。とにかく私が目にしたのは、倒れた侍従長の傍らに端然と正座した姿が最初であった。夫を撃ち倒した大勢の兵隊に取り囲まれながら、微動だにしなかった夫人の姿は今でも脳裏に残っている。

部下の信頼が厚かった歩兵第３連隊第６中隊長の安藤輝三大尉

すぐに駆けつけてきた中隊長と、夫人との間に短い会話が交わされた。「昭和維新断行のため」と中隊長は襲撃の理由を述べたが、それに対して夫人が何と答えたか、記憶にない。

その会話の後、堂込曹長が〝とどめ〟を促した。うなずいて軍刀を抜きかけた中隊長に向かって、「それだけはやめてほしい」と夫人。中隊長は「武士の情けというものがある。あとは奥さんにおまかせしましょう」と、抜きかけた軍刀を鞘《さや》に収めたのである。

決起は支持されていると信じた

目的を遂げて侍従長官邸を撤退した後の経過については、数多くの記録や証言に記されている通りである。

ここで一つだけ言っておきたいことは、少なくともわれわれ行動部隊は市民の熱狂的な拍手と歓声に迎えられたということ。そして、二月二十八日夕刻までは、市民だけでなく軍や軍首脳、そして天皇ご自身からも、われわれの行動は支持されているものと信じていたことである。

すでに広く知られていることではあるが、二月二十六日午後になって発表された陸軍大臣告示、二月二十七日戒厳令の施行と同時にわれわれも戒厳部隊の一部に編入されて現在地の警備を命ぜられたというこの事実から、天皇に弓ひく反逆の徒として討伐命令が下されているなどと誰が考えるだろうか。

ちなみに言えば、「奉勅《ほうちょく》命令」が下されたことなどわれわれは知らない。少なくとも私に関しては、中隊長から、奉勅命令を受け取ったと聞かされたことはない。

事実はむしろ、逆である。

二月二十八日。今にして思えば、陸相官邸において将校の全員が責任をとるための自決を考えた頃のことである。宿舎「幸楽」からほとんど動かなかった中隊長が、「どれを信用していいのかわからなくなった。われわれは自決をする必要などはないのだ」と呟くのを耳にしたことがある。

戒厳司令部、陸軍省、参謀本部、師団司令部、それに軍事参議官……四方八方から人が来ては、それぞれ違ったことを言っていく。そのどれを信じていいのかわからない。中隊長の呟きは、そんな意味ではなかったか。

仮に奉勅命令が正式の統帥系統を経て下達《かたつ》されていたならば、少なくとも安藤大尉に関する限りこの〝迷い〟はあり得ない。私はそう信じている。

状況の変化を明確な形で知らされたのは、二月二十八日も夕刻になってからである。

午後四時。中隊長の命令が下された。

「状況が変化した。警戒配置につけ」

というものであった。私の分隊はこのとき初めて、侍従長襲撃以来かけっ放しになっていた銃の安全装置を外すことになったのである。

二月二十九日午前二時。中隊は、「幸楽」を出て防禦の容易な山王ホテルに移動する。私たちはその道中、竹ザオで街路灯を破壊しながら移動した。枚《ばい》を銜《ふく》んでの隠密行動であったとの説もあるようだが、少なくとも私たちがかなり騒々しかったのは事実である。

裏口から山王ホテルに入り、第一小隊は食堂の警備についた。一階である。

安藤中隊も立てこもった赤坂・溜池の山王ホテル全景

イスやテーブルを窓側に集め、積み上げて防禦陣地の構築に取りかかると、どこからともなく若い女性が現れた。後になってわかったことだが、アイスクリーム会社からの派遣社員であった。名前を伊藤葉子といった。

「撃ち合いが始まるかもしれない。危険だから脱出するように」

との再三の勧告にもかかわらず、彼女は撤退のそのときまで、食事や飲物の面倒をみてくれた。大胆な女性である。

〝自決〟で負傷した大尉を病院へ

午前五時。薄明をついてラッパの音が響いてきた。〝気ヲ付ケ〟ラッパである。

冷え込む夜は物音が遠くまで響く。包囲陣の中で吹き鳴らされているラッパが、まるで耳許にあるかのように聞こえてくる。

攻撃開始の前触れではないか……不安が一瞬、脳裏をよぎる。

ふと兵の顔を見ると、全員血の気が引いている。こんな時に攻撃を受けたら、ひとたまりもない。私は突然、声を張りあげて「佐渡おけさ」を歌い出した。一人が合わせ、二人が続く。二番を歌い終わったころ、蒼白だった兵の顔にようやく赤味が戻ってきた。

午前十時。中隊長命令を受けて、私は五名の兵とともに「幸楽」に向けて出発した。大八車を引いている。「幸楽」に五〇〇人分の握り飯が用意されている。受け取って議事堂まで届けよ——それが受領した命令であった。

「幸楽」の門を一歩くぐると、縦横に配置された放水ホースが目についた。戦闘による火災に備えたものらしい。あらためてわれわれの立場の危うさを認識させられる思いであった。

議事堂に向かう途中、二、三台の戦車に出合う。

「ままよ」と素知らぬ顔ですれ違ったが、先頭の戦車の前部には、何やら文字を書いた白い布が垂れ下がっている。近づいてよく見ると、そこには「この戦車は弾丸を撃たない」と書いてあった。包囲軍の中にも、こういう軍人がいたのである。

だが、次に出会った参謀が率いる佐倉の歩兵五七連隊の一隊は違っていた。

呼びとめられた。どこへ行くかと鋭く質問された。任務を正直に伝えると「生意気を言うな。この下士官の武装を解除せよ」ときた。

とんでもない。私には任務がある。脱兎の如く逃げ出した。大八車が盛大な音をたてる。走り続けて首相官邸に飛び込んだ。そして、ショックで棒立ちになった。栗原中尉の一隊が、整列して帰順の準備をしていたのである。

大八車をその場に放り出し、裏門から飛び出した私と部下は山王ホテルめざして駆けに駆けた。山王ホテルの玄関前では、すでに中隊が整列を終えていた。息せき切って飛び込んだちょうどその時、正午の時報が鳴っていたのを鮮やかに覚えている。

中隊長が拳銃で自決を図ったのはこの後のことである。中隊長は一段高い玄関の石段に立って、全員に訓示を行った。最後の訓示であった。

「みんな、よく頑張ってくれた。ありがとう。みんなはこれから満州へ行く。行ったら、中隊長についてきてくれた精神を忘れず、お国のために尽くしてくれ……」

要旨、このような内容であったと記憶する。そして、これから永田曹長の指揮に従って連隊へ帰れと付け加えた。付け加えながら、右手が腰の拳銃に向かって伸びていく。

こりゃいかん、と思った瞬間、至近にいた下士官の一人が飛びついた。同時に銃声音が湧き、中隊長が倒れ込んだ。左のコメカミがみるみるうちに膨れあがっていく。喉《のど》から脳を狙って発射された弾丸が外れ、顎からコメカミに抜けて止まったのである。

倒れた中隊長が、右手を挙げてしきりに動かす。文字を書く仕草である。堂込曹長が軍用紙と鉛筆を渡した。中隊長は何かを書き始めた。だが、二、三文字を書いて、両手から力が抜けた。何を書いたのか、何を書こうとしたのか、私は知らない。

反乱軍が占拠している地区を包囲する鎮圧軍の戦車隊。この包囲網の中、安藤大尉は決起部隊に最後の訓示を行っていた

門脇、渡辺両軍曹、前島当番兵とそれに私、四人で気を失った中隊長を病院へ運んだ。新宿・牛込の陸軍第一病院。車は赤十字の車だったが、当時はまだ救急車はない。

病院の玄関先で四人は追い返された。中隊長との永遠の別れであった。

「くじけるな、また機会はある」

率直に言って、軍法会議は予想外であった。軍人が上官の命令に従った。それが軍法会議送りだとは夢想だにしなかったのである。

私をはじめ、分隊長クラスの受けた判決は禁錮二年、執行猶予三年であった。求刑は禁錮十五年。三十歳までには出られると計算して、判決の瞬間思わず笑い声をたてた。なぜなのか、自分でもわからない。

判決が下ると、その場で釈放になった。陸軍刑務所の門前には、連隊からの迎えの車が待っていた。夏服を貸与され、麻布十番の小さな旅館に運ばれた。だが、そこで落ち着く時間は与えられなかった。できるだけ早く郷里へ帰れというのである。

私には郷里の秋田に帰る気など毛頭ない。働くために東京に出てきたのである。東京で仕事を見つけて、働くつもりであった。とりあえず、大田区に住む門脇軍曹の叔母の家に身を寄せることになった。

さて出かけようと腰をあげたら、着ている服を脱げという。二月二十六日付で、われわれは免官降等処分を受けている。すでに予備役一等兵。〝常人〟である。軍服を着たまま出歩かれては困るということなのだ。

裸にされた。もちろん履物もない。裸に裸足《はだし》である。その姿でタクシーを呼んだ。

門脇軍曹の叔母さんは歓待してくれた。しかし二日間しかいられなかった。入れ替わり立ち替わり警視庁の刑事がやってきた。頼むから秋田へ帰ってくれという。とうとう根負けした。

一日一本の夜行列車に乗った。県境を越えるたびに顔ぶれを変えながら、郷里の家の敷居をまたぐまで私服刑事のお供がついた。ほとんどが無言であった。黙って向かいの座席に腰を下ろし、県境の駅で黙って降りていく。

一人だけ例外があった。年輩の新潟の刑事である。

「また機会はあるさ、こんなことで挫《くじ》けちゃダメだぞ」

反乱部隊が帰順し、やっと平常に戻った銀座通り

新潟なまりのひと言の温かさを、私は今でも忘れられない。

その年、十二月初め。私は再び上京した。三連隊第二大隊長の伊集院兼信《いじゅういんかねのぶ》少佐が奔走して、勤め先も見つけてくれた。満州のチャムスに根拠地をもつ、ある特務機関への就職を勧めてくれた人もある。大金が手に入るという。

両親に相談した。しかし、「稼ぐのは小さな金でいい。地道に働け」とたしなめられた。伊集院少佐の勧めに従って、理化学研究所関連のある会社に就職した。

そして翌年。妻をめとり、府中市の現在地に腰を落ち着け、新しい人生に向けて出発した。

これが、私の二・二六事件である。

（一九九〇年一月記）

事件の群像〈特別手記〉

初年兵が体験した鈴木貫太郎襲撃

岩崎英作
（元歩兵第三連隊第六中隊・二等兵）

敵は目前にあり！

「祝　入営　歩兵第三連隊第六中隊　岩崎英作」

こんな幟《のぼり》がはためく中、入営を祝ってくれる親や親戚に見送られて郷里をあとにし、現役兵として東京・麻布の歩兵第三連隊に入営したのは一九三六年（昭和十一）一月十日のことである。私は奥山（現姓＝中島）粂治軍曹が班長を務める内務班に配属された。

第六中隊長の安藤輝三大尉はときおり内務班に視察にこられることがあった。安藤大尉がこられると一番最初に大尉を見かけた人が「敬礼」と号令し、ほかの者は作業の途中であっても不動の姿勢をとらなければならなかった。だが、安藤大尉は「そのまま、そのまま」と声をかけ、兵隊たちがあまり固くならないように配慮してくれていたようだ。そして、誰彼となく兵隊に歩み寄って話しかけるのである。

「この第六中隊はかつて秩父宮殿下が中隊長をされていた名誉ある中隊だ。第六中隊に入ったからには〝殿下中隊〟の名に恥じぬよう努力せよ」

「おまえの家の家業はなんだ」

「家族の者はどうだ、皆元気か」

　こんなふうに一人ひとりの話を聞き、励ましてくれた。また、入営してから四週間くらいは外出できないと聞かされていたのだが、私たちは安藤大尉のはからいで、入営してから二週間目には単独外出を許可された。安藤大尉はたいへん人柄が良く、私たち初年兵をはじめ兵隊たちに温かく接していただいたことは実に感激であった。

安藤中隊の岩崎英作２等兵

　二週間に一度の割合で精神訓話が行われた。安藤大尉は身近な例をひいてわかりやすく説明してくれたが、一月の下旬か二月の初めごろ、細かな内容は忘れてしまったが、だいたい次のようなことを話された。
「我々はこれから満州警備に赴任しなければならない。だが、我々の前途にはいま、玄海灘に暗雲が低迷していて航海を妨《さまた》げている。暗雲を払い除《の》けなければ我々は安心して満州に行けない……」

2月26日の午前3時半過ぎ、岩崎さんたち決起部隊が堂々と行進していった歩3の営門

しかし、「暗雲」とはなんなのか、このときはわからなかった。〈満州へ行く航海の途中で波が荒れるのかなぁ〉と漠然と想像しただけであった。

二月二十五日はいつもと変わらない日課が終了し、午後八時半に日夕点呼《につせき》が行われ、九時の消灯ラッパが鳴るまでは兵隊の自由時間となる。普段なら自分の日記や手紙などを書いたりするのだが、この日は「早く寝ろ」と言う。〈ばかに急《せ》かすんだなぁ〉と思いながら、ベッドに潜り込んで寝た。

そして深夜、日付が変わった二十六日の午前三時ごろ、突然非常呼集がかかった。私は飛び起き、あわてて軍装しているところへ実弾と食糧を渡された。食糧は米とカンパンがそれぞれ二日分で、そのほか靴下などの日用品も支給された。実弾は一人につき一六〇発ずつ配られたが、私のみ一八〇発の実弾を携行することになった。それまで射撃場で実弾を渡されたことはあったが、出動時に実弾が支給されたのはこのときが初めてだった。

舎前に集合して整列し、その場で「弾込《たまご》め」の号令がかかって実弾を装塡、さらに分隊編成が行われて私は第一小隊指揮下の第三分隊（分隊長・奥山軍曹）となった。さらに重機関銃が二挺配属になり、そして衛兵所から竹のハシゴが運ばれてきた。こうして練兵休（軽度の病気やケガ、体調不良などによって兵営内で休養を許された兵隊）だった者を除き、私たちは営門を堂々と行進して午前三時半ごろに出発した。

いったいどこに行くのかわからない。〈渡満《とまん》が近いので射撃場へ訓練に行くのか、あるいは靖国神社へ参拝にでも行くのだろう〉という考えくらいしか思い浮かばず、雪が降って滑りやすくなった乃木坂を、足元を気にしながら下っていった。

乃木坂から三宅坂、さらにお堀端の道を歩き、歩三を出てから一時間ばかり歩いただろうか、千鳥ヶ淵近くのある屋敷の前で行進は止まった。屋敷の前には桜並木が続いていて、その下で叉《さ》銃《じゅう》休憩に入った。

しばらく休んだあとに集合がかかった。時間は午前五時五分前くらいだったと思う。叉銃を解いて分隊ごとに整列すると、安藤大尉が私たちの前に立ち、おもむろに「これから状況を示す」と切り出した。ここで初めて出動の目的と、これからの行動が安藤大尉の口から命令された。

「敵は目前にあり！」

安藤大尉の声が響く。目の前にある屋敷の主人を襲撃するのだ。屋敷の主人、つまり「敵」とは鈴木貫太郎侍従長だったのである。

夫人の懇願でとどめを刺さず

私はぶったまげた。その間にも安藤大尉は矢継ぎ早に命令を下していった。

「第一小隊は官邸の外回りの警戒、第二小隊は邸内の警戒、第一小隊の第三分隊、および第二小隊の第一、第三分隊は突撃班となり、屋内に進入して目標の探索に任ずべし」

私の分隊は突撃班となった。そして小銃に着剣して官邸の裏手に回り、通用門の脇に竹のハシゴをかけた。私はハシゴを上って二番目に邸内に飛び込んだ。すると、すぐそばに警官の詰所があり、二人の警官が立哨《りっしょう》していた。その警官たちは相当驚いたようだが、「誰か」とたずねる。私たちが「なんだと」と着剣した小銃を警官に向けると、警官はすぐに両手を挙げた。

「手を下ろしたら撃つぞ！」

と言ってあとから来た兵隊に警官の監視を頼み、私たち第三分隊は邸内を目指した。

建物の裏手には勝手口があったが鍵がかかっている。そこでガラスを割って内鍵を開け、邸内に進入した。中は真っ暗でまったく様子がわからない。しばらくすると書生らしき男が丸首シャツにパンツ姿で飛び出してきたので、捕まえて外に連れ出し雪の上に座らせた。

勝手口から左手を見ると廊下があった。そこに人影らしいものが見えたので、そーっと近づいてみると、女中さんが三人固まってガタガタと震えている。

「おめえたち動くな！　動かなければなにも危害は加えねえから安心しろ」

女中さんにそう告げると、女中さんたちは逃げるようすもなく、私は彼女たちをそのままにしておいて次の部屋に入っていった。ここは茶の間のようだ。テーブルの上に湯飲みや餅菓子などがあり、湯飲みはまだ生ぬるい。銃剣でまわりの襖《ふすま》をブスブスと突き刺して慎重に移動したが、次の部屋にはなにもなかった。

この部屋からさらに左手にある次の部屋へと進む。畳敷きの日本間だった。部屋の中央には布団が二組敷かれていた。どうやらここが鈴木侍従長の寝室のようだ。手探りで明かりを探して点けると、左側の布団には鈴木侍従長夫人が静かに正座されている。さすがに武士の奥さんとは大したものだ。取り乱しているようにはちっとも見えなかった。

一方、右側の布団は半分めくれている状態になっている。奥山軍曹が入ってきて半めくれの布団の方に近づくと、片ひざをついて床の中に手を入れた。ちょうど『忠臣蔵』の吉良邸討ち入りのように、布団の中のぬくもりを確かめたのだ。

「まだ温かい！　そう遠くまでは行っていないぞ」

私たちは押し入れの襖を銃剣でブスブスと突き刺して様子を探る。すると、さすがに鈴木侍従長は観念したのか押し入れから出てきた。しかし、その両手には拳銃が握られていた。

「いた、いた！　いたー！」

安藤隊に襲撃された鈴木貫太郎侍従長。写真は事件後の３月６日、傷が癒えぬ体を押して参内するため官邸を出る侍従長

私たちは驚きと興奮で声を張り上げてあとずさりした。一五人から二〇人近い兵隊たちに一斉に銃口を向けられた鈴木侍従長は、

「待て待て、話せばわかる」

と私たちをなだめるように言った。そのとき突然、私たちの後ろから、

「問答無用！」

という言葉とともに、拳銃の発射音が「パンパンパンパン」と立て続けに響いた。私たちの後ろから飛び込んできたのは、表玄関から邸内に進入した堂込《どうごめ》喜市《きいち》曹長であった。鈴木侍従長は頭部に拳銃弾を受けて前につんのめるようにして床の上にドサッ！　と倒れた。鮮血が丸くなって畳の上に広がっていった。そこへ銃声を聞いた安藤大尉が抜刀して寝室に駆け込んできた。安藤大尉は床に倒れている鈴木侍従長を見て言った。

「ちょっと早まった。ひと言話したいことがあった。しかし、目的は果たしたのだからよかろう。最後のとどめを刺そう」

安藤大尉は鈴木侍従長の身体をまたぎ、のどもとに軍刀を突き立てようとした。そのとき、床の上に座っていた侍従長夫人が安藤大尉を制止した。

「兵隊さん、ちょっと待って下さい。どうしてこういうことになったんでしょうか」

安藤大尉は言った。

「いまここで一部始終申し上げるわけにはいきません。いずれあとでわかることですから」

すると夫人は、

「そうですか。それでは武士の情でとどめだけは刺さないで下さい」

と懇願《こんがん》する。安藤大尉は〈さて困ったな〉とでも言いたげにちょっと首をかしげたが、「わかりました」と返事をした。

「わかりました。それでは奥さまの命に従い、とどめは奥さまにお預けいたします」

安藤大尉は立ち上がると号令をかけた。

「閣下に対して敬礼」

私たちは着剣したままの小銃で鈴木侍従長に対して捧《ささ》げ銃《つつ》を行い、表玄関の方から引き揚げた。

市民の激励直後に反乱軍への転落

侍従長官邸をあとにした私たちは三宅坂に向かい、陸軍航空本部を占拠した。二十六日の食事は朝食も昼食も夕食も、すべて連隊から支給されたものであった。二十六日の晩はこの航空本部を宿舎とした。

明けて二十七日。私は朝から歩哨に立っていると、向こうの方からマント姿の将校が近づいてきた。その将校は私を無視して素通りしようとしたので、私は制止した。

「みだりに中に入ってはなりません」

するとその将校は反問する。

「なんだと！　誰がそんなことを言った」

「はい！　安藤中隊長殿であります」

私が答えると、将校はマントをまくって見せた。どうやら階級章を見てみろということらしい。

「なに？　中隊長？　フン、俺と中隊長とではどっちが偉いか」

階級章を見るとベタ金に二つ星、なんと陸軍中将ではないか。この中将は階級にものを言わせて強引に入っていった。

ところで、連隊から支給されていた食事は、二十七日の朝食を最後に途絶えてしまった。午後になって私たちは未完成の国会議事堂に移動した。まだ工事中なので足の踏み場もないほどのありさまで、しかも身を切られるような寒さである。建材などをはがしてたき火で暖をとった。

しばらくすると、ある班長が「カツ丼を御馳走《ごちそう》するぞ」と言ってきた。昼食はまだとっていなかったので、〈こいつはしめた！〉と喜んだのだが、カツ丼といっても一個分隊に一杯だけ。一五人から二〇人の分隊で分けると一人が食べられるのはほんのわずかであった。夕食は連隊から

安藤隊ら決起部隊が占拠していた料亭「幸楽」の大広間

の支給もなく、御馳走してくれるという下士官もいなかった。

このあと、私たちは赤坂の料亭「幸楽」に移動した。私たちは畳を裏返しにして毛布を敷き、雪靴のまま座敷に入って腰を下ろした。この日「幸楽」では結婚式が行われる予定だったが、事件の発生によって取り消されたらしく、結婚式で振る舞われるはずだった御馳走が残っていた。雪靴のまま座敷に座って高脚の膳に盛られた豪華な料理を食べたことは、いまでも印象深い思い出だ。

そのころ、「幸楽」の表玄関には、東京市民が黒山の人だかりを築いて私たちを激励していた。

「兵隊さん、しっかりやってくれ」
「よくやってくれた、あとまでしっかり頼むぞ」

差し入れも山のように届けられ、たいへん感動した。日ごろ市民が考えていながらできなかったことを、私たちがやったのだという実感が湧き、〈俺たちはいいことをやったんだ〉と素直に喜んだ。

ところが、二十八日の朝になると群衆は一人残らず消えていた。外には犬の仔一匹、猫の仔一匹通らない。明らかに様子がおかしくなっている。あとで知ったことだが、二十八日早朝に奉勅命令、すなわち陛下のご命令が発せられ、鎮圧部隊によって討伐を受ける立場に置かれていたのである。もちろん、このときはそんな詳しいことまでは知らなかったが、状況が私たちに不利になっていることは感じられた。そして、私たちの中隊の各班長から、兵隊一人ひとりに葉書が配られた。親や家族などへ別れのあいさつを書けという。いってみれば遺書の代わりである。

私たちはまるで児島高徳（南北朝時代の武将）が「天、勾践《こうせん》を空《むな》しうすることなかれ、時に范《はん》蠡《れい》なきにしもあらず」と桜の樹に刻んだように、立ち上がって柱に寄りかかりながら鉛筆で葉書を書いた。この葉書は憲兵隊に没収されたものと、家族のもとへ届けられたものとがあった。私の手紙は途中で憲兵隊に没収されることなく、親のもとに無事配達されたが、あとで警官が実家にやってきて持っていってしまったという。そのため、私の書いた葉書はいま手元にはなく、どんなことを書いたのかも正確には思い出せないが、「我等は尊皇討奸軍、中隊長とともに討死する……自分たちは目的を果たすまで、最後まで戦う……最後の一発で自決する」というような内容だったと記憶している。

安藤大尉の自決に号泣した兵隊

もし戦闘にでもなれば、木造の「幸楽」では攻撃を受けたらひとたまりもない。そこで二十八日の夜中に私たちは、当時としては数少ない鉄筋コンクリートの山王ホテルに移動した。「幸楽」裏手の路地のようなところを、軍装がガチャガチャと音を立てないように防音措置をして、ひそかに移ったのである。山王ホテルには歩兵第一連隊の決起部隊がすでに籠城《ろうじょう》していた。

二月二十九日の夜が明けた。上空に飛行機が飛んできて盛んにビラをまいていた。それを拾いたかったが、幹部は「拾っては駄目だ」と言う。だが、「下士官兵ニ告グ……」と書かれた帰順を勧告する横断幕を張った鎮圧部隊の戦車が、山王ホテルの前の大通りを行ったり来たりしていた。私は屋上に陣取って、それらの様子を眺めていた。

いよいよ戦闘が始まるとなったら、相手が撃ってくるまで応戦しない、こちらからは発砲しないこと、さらに応戦する場合でも将校を狙え、兵隊は絶対に撃つなと命じられた。戦車の影に隠れるようにして鎮圧部隊の兵隊がいる。よく見ると彼らはみんな鉄カブトをかぶっているではないか。私たちは赤い帯の入った普通の軍帽だ。鎮圧部隊はすでに戦闘態勢に入っている。〈いよいよ不利になったなあ、俺はこのままふっとんじゃうのかなあ〉そんな思いが込み上げてきた。

これと前後して、連隊から第二大隊長の伊集院兼信少佐が安藤大尉の説得にやってきた。私は遠くから見ていたので安藤大尉と伊集院少佐がどのような言葉を交わしたのかよくわからない

赤坂に通じる西新橋の道路にバリケードを築いて警備する鎮圧部隊

が、お互いに興奮し抜刀している。伊集院少佐が「ぶった斬《ぎ》るぞ！」と言うと、安藤大尉も「ぶった斬ってみろ！」と応酬している。もみあいになってはまずいと近くにいた兵隊が割って入って安藤大尉と伊集院少佐を引き離す。

そんな光景を遠くで眺めていたら、なんだか恐ろしくなってきた。隙があったら逃げ出してしまいたいほどの衝動に駆られた。私たちが山王ホテルに来たときにいた歩一《ほいち》（歩兵第一連隊の略称）の部隊は、午前中にすでに兵営に引き揚げている。いま山王ホテルに残っているのは私たち第六中隊と、私たちの食事の世話をしてくれていた民間の伊藤葉子さんだけであった。

昼食後、私たちは全員、山王ホテルの玄関前の広場に集合するように言われた。安藤大尉は今日まで四日間にわたる中隊の苦労に感謝するとともに、志半ばで挫折した無念を切々と訴え、そして満州に行っても頑張るようにというようなことを訓示され、永田《ながた》露《あきら》曹長の指揮で連隊へ帰るように言われた。そして最後に中隊歌をみんなで合唱することになった。

〽鉄血の雄叫びの声　龍土台
　勝利勝利時こそ来たれ　吾らが六中隊

一節を歌い終えると、安藤大尉は隊列の右側から後ろの方に下がってこられた。

〽触るるもの鉄をも砕く　わが腕
　奮え奮え意気高し　吾らが六中隊

私は背丈が大きかったので隊列左側の一番後ろにいた。安藤大尉は隊列の後ろまでくると、おもむろに拳銃を取り出して自決をはかろうとした。まわりにいた下士官や兵隊たちが安藤大尉に飛びついた。

「バン」

銃声がした。大尉は第二弾を発射しようとしたが、カチャカチャと音がするだけで弾が出ない。不発だ。だが第一弾は急所こそ外れたが、安藤大尉は倒れ、口がきけなくなった。誰かがノートを持ってきて差し出すと、大尉はノートに二言三言書きつけた。兵隊たちはみんな泣いていた。

このあと安藤大尉は衛戍《えいじゅ》病院へ運ばれた。中隊長を失った私たちは永田曹長の指揮で、重い足を引きずるようにして連隊への帰途についた。武装解除はされなかったが、小銃を逆さにして銃口を下向きにし、床尾鈑《しょうびはん》を肩にかけて歩いた。出動したときとはまったく逆である。

私は隊列の最後尾を歩いていた。やじ馬はいなかったが子どもたちが表に出ていて、「反乱軍がきた」と石つぶてを投げつけられた。二十七日の夜「幸楽」に集まって「兵隊さん、しっかりやってくれ」と激励されたのが嘘のようだ。私たちはいまでは〝反乱軍〟なのである。なんとみじめな姿であろうか。誰もが口を開こうとはせず、ただ黙々と歩いていた。

「殿下中隊」の名誉挽回

兵舎に戻ると軍装を解いて実弾を返納し、二十六日以来初めて身軽な格好になった。すると洗面具と外套《がいとう》（オーバー）などを持って舎前に集まれという。今度はどこへ連れていかれるのか。

トラックに乗って連れていかれたのは近衛歩兵第四連隊だった。私たちは倉庫のようなところに隔離された。便所へ行くにも洗面所へ行くにも歩哨が立っていて、「どこへ行くんだ」と威張っている。驚いたことに、私たちが出動したときに練兵休として歩三《ほさん》（歩兵第三連隊の略称）に残っていた兵隊だった。

近歩四《きんぽよん》に収容されてから三日目、営庭に一二個の幕舎が建ち並び、憲兵による取り調べが始まった。私は名前を呼ばれて幕舎の一つに入った。中には憲兵曹長がいて私に尋問する。だいたい次のようなやりとりだったと思う。

憲兵曹長　なぜこのような事件を起こしたのか。

帰順した反乱部隊の下士官兵を取り調べるために張られた幕舎の列

私　上官の命令に従ったまでである。

憲兵曹長　やったことは正しいと思うか。

私　いまとなってみると、済まなかったと思う。

私は初年兵だったからだろうか、取り調べは一回で終了し、中隊に帰された。

事件を境に私たちの生活は一変した。厳しい訓練に音をあげる日が続き、事件に参加した者は夕食後の酒保《しゅほ》への出入りも禁止された。渡満（歩兵第三連隊が所属する第一師団は満州への派遣が決まっていた）を前に一度だけ帰省が許可されたが、事件について話すことは厳禁され、このときも監視つきであった。

五月二十二日に連隊は麻布を出発し、六月一日にチチハルに到着した。渡満してからは訓練と討伐に明け暮れたが、訓練は猛烈なものであった。「名誉ある殿下中隊に汚名を着せた」ということで、事件後に着任した新しい幹部たちは「功績を立てて名誉を挽回しろ」と盛んに檄《げき》を飛ばした。新任の大隊長は演習のたびに馬上でそっくりかえり、私たちの突撃訓練を見ては「そのざまではカラスも逃げん！」と気合いをかけた。間もなく私は二年兵となって戦力の中心となったが、一九三七年（昭和十二）一月に入ってきた、二・二六事件とは関係ない初年兵に対しても「名誉挽回」「汚名返上」だという。初年兵には最初から骨の折れることだった。

一九三七年七月七日に北支事変（盧溝橋事件）が勃発すると、私たちは応急派兵されることになった。七月二十八日に軍用列車でチチハルを出発し、八月一日に天津に到着した。私たちが着いた前日には市街戦があったそうで、天津駅前には中国兵の死体が多数ころがっていた。

〈俺もこんなふうになっちゃうのかな〉

中国兵の死体を見た私はショックだった。連隊は天津の警備と保安隊の武装解除などに従事していたが、間もなくチャハル作戦に参加することになり、張北から張家口などへと転戦した。九月八日からは陽高攻略戦が始まった。このころ私は第二分隊長となり、同年兵（二年兵）五名、初年兵七名の一二名の部下を率いる立場になっていた。

陽高攻撃は夕暮れどきから始められた。爆撃と砲撃で城壁をあらかた崩したあと、工兵隊が白樺のハシゴを架《か》ける。そして、まず第一分隊が城壁にとりつき、続いて私たちの第二分隊が城壁に向かった。城壁の一角を占領したものの、中国兵が私たちの方へ押し寄せてくる。第一波はなんとか撃退して小康状態となったとき、私たちの第二分隊は中隊長の下に呼び戻された。その直後に中国軍の第二波が始まった。各小隊長、分隊長は次々と損害を報告してきて、第六中隊は相当な被害を受けている。撤収するか、歯を食いしばって頑張るかの瀬戸際のところまできていた。

「岩崎分隊（第二分隊）前へ！」

中隊長は頑張る方を選んだ。〈いま行けば死ぬかケガするかのどっちかだな〉と思ったが、日ごろ言われていた「名誉挽回」「汚名返上」を果たす機会だと思い、〈後れをとっちゃならねえ〉と私は飛び出した。

一一人もあとに続く。城壁の一角を占領し、軽機関銃を中国軍に向けて撃たせた。夜だから銃口から発射炎が盛んに出る。中国兵はその炎に向かって手榴弾を投げてくる。そのとき、城壁に当たって跳ね返った手榴弾の一つが私の前で炸裂《さくれつ》した。鉄カブトをかぶっていたので頭は大丈夫だが、顔面を殴られたような衝撃が走る。やられた！　私はその場に伏せた。目に火花が散ったようになって目が開かない。口もきけなくなった。手榴弾の破片を顔面と喉にまともに受けたのだ。破片によって口のあたりがぶった切られて裂け、舌も切られ歯が吹き飛んだ。出血もひどい。

このままではどうしようもないので、崩れかけた城壁を転げ落ちるようにして下り、救助を待った。間もなく担架で近くの民家に収容されたが、すでに負傷兵がいっぱいいて足の踏み場もない。私は土間の炭俵のようなものの上に腰かけて治療を待ったが、ここにいるのは軍医一名、衛

事件の３カ月後の５月22日、満州駐屯が決まっていた第１師団隷下の各連隊はそれぞれの兵営を出発した。写真は品川駅に向かう麻布の各連隊

生兵二名のみで、なかなか手当てをしてくれない。やがて軍医がやってきて、衛生材料がないので私の服を切り裂き、「これで明日の朝まで待て」という。明かりを点けると狙撃兵に狙われるということで、屋内は真っ暗なため治療のほどこしようがないのだ。そのうち、他の患者が「お母さーん」「万歳」と叫び出した。私もやがて死ぬことを覚悟した。

翌日、私は陽高の野戦予備病院に収容され、初めて治療が受けられた。そのあと張家口の野戦病院に後送され、約五十日後、さらに奉天の陸軍病院に送られた。この間、食事は重湯《おもゆ》や牛乳など流動食のようなものしか食べられず、しかも傷口が化膿してなかなか治らなかった。やっと化膿も止まったので整形手術を受け、その後五カ月間入院したあと、東京の第一陸軍病院に転院した。そして傷が癒《い》えて普通の食事も食べられるようになり、退院したのが一九三九年（昭和十四）七月五日であった。退院と同時に私は予後備役免除、要するに兵役免除となり、上等兵として復員した。

二・二六事件に参加したあと、私たちは厳しい取り扱いを受けたように思う。事件後連隊に赴任した新しい幹部たちは、「名誉挽回」「汚名返上」といって厳しい訓練を課した。そして多くの犠牲を出すことが「名誉挽回」になるのだと思っていたとしか思えない。とくに私たち安藤中隊にあった者は、陽高攻略戦のように危険な中で突入を命ぜられる場合が多かったのである。

私は陽高攻略戦で負傷してから実に一年十カ月もの入院生活を強いられ、私の分隊の者もすべて負傷したことをあとで知った。そしてこの戦いで連隊はおびただしい犠牲者を出した。思えば二・二六事件はまことに悲しい出来事であった。

（一九九七年一月記）

事件の群像〈特別手記〉

二・二六事件と小澤中隊長

町田文平（元歩兵第一連隊・上等兵）

部下である栗原中尉に兵を戻せと哀願し、事件の責を負って待命となった小澤中隊長の心情と行動を、当時の部下が綴る。

中隊長留守中の非常呼集

時は一九三六年（昭和十一）二月、私は当時現役兵で、東京・赤坂の歩兵第一連隊重機関銃中隊の一兵士として勤務しておりました。丁度一月十日に初年兵が入隊してきて、私は初年兵教育助手の上等兵でした。若さにまかせ張り切って任務についておりました。当時連隊は、近く満州に派遣される予定になっており、教練にも力を入れておりました。

私達の中隊長は陸軍歩兵大尉小澤政行《おざわまさゆき》殿でありました。中隊長はどっしりとした体格で士官学校出身で生粋の軍人であられ、部下思いで中隊内の部下は皆父の如くお慕い申しておりました。

たまたま、一九三六年二月二十六日午前二時頃、非常呼集が発令せられ、武装し実弾が交付されました。今まで非常呼集で実弾を渡された事はないのでおかしいと思い、変な予感が胸をよぎりました。

当時、中隊長は営外の自宅に帰っておられて、中隊長留守中の事でした。指揮は中隊付将校の栗原安秀《くりはらやすひで》中尉、林八郎《はやしはちろう》少尉、それと第一中隊より参加された池田俊彦《いけだとしひこ》少尉でありました。

約三〇〇名位の中隊員が営庭に整列しました。隊員の半数は小銃の編成となり、重機関銃は第一から第九までの分隊となり、私は第八機関銃分隊長を命ぜられました。

栗原中尉は部隊の中央に立ち、「皆は私の命のまま動いて貰いたい」と短い訓示をしました。また私達の見知らぬ将校下士官を数人紹介したのを覚えております。そして小銃の隊から先に長い列となって営門を出て行きました。

第１連隊機関銃隊長・小澤政行大尉。事件後待命になるが復職する

その日は一昨日降った大雪が三〇センチも積もって白一色の雪明かりの中でした。雪に足をとられないように注意しつつ北の方に向かって進んで行きました。私の分隊は長い列の後尾の方でしたが、首相官邸の西側の高い塀の外まで進むと、先頭の小銃部隊が既にこの官邸内に突

入したらしく、中から小銃と拳銃の激しく撃ち合う音が聞こえてきました。ガラスや物などがしきりに壊れる音も聞こえてきました。

私は初めて容易ならぬ事態となったことを知り、かくなる上は好まずともただ上官の命ずるまま行動する以外はないと覚悟を決めざるを得ませんでした。官邸の表門まで進んだとき、命令が来て私の第八分隊と第九分隊（分隊長小澤上等兵）の二個分隊は、私の隊の後に続いて来た歩一第一一中隊（指揮官丹生《にう》誠忠《よしただ》中尉）の小銃中隊の指揮下に入ることになりました。そしてこの隊は、そこをさらに進んで陸軍大臣官邸を襲い、これを占拠したのであります。

当時の陸軍大臣は川島大将でありました。

私達の重機は官邸門前の道路に据え、外部からの攻撃に備えて警戒に当たりました。また雪が降り出し、寒さがひどくなりました。

同日朝九時頃となり、この官邸に平常勤務する将校、下士官、事務官等二〇名位がだんだんと集まってきて、歩哨線を越えて官邸の正門に入ろうとしました。その時、占拠部隊の一将校が出て来て、

「ただいま非常事態が発生しております。中に入ると危険です。どうぞ今日はこのままお帰りいただきたい」

と丁重な口調で制止しましたが、先頭に立った一少佐（片倉衷少佐・編集部）が威猛高に言いました。

歩兵第１連隊機関銃隊の初年兵と小澤中隊長（前列中央。その右は栗原安秀中尉）。初年兵入営日の昭和11年１月10日

「貴様、何を言うか。吾々は天皇陛下の命によりも当官邸に勤務する者だ。陛下の御命令もなくここへ入るを拒むとは何事だ。どけどけ」

と無理に入ろうとしました。その時です、突然バンバンバンバンと占拠将校の拳銃が火を噴きました。弾丸が少佐に当たり、少佐はバッタリ雪中に倒れ、顔面から血がふき出し、雪を染めました。少佐の部下達が驚いてかけ寄り、だき起こしてタオルを傷口に当て、

「早く早く」

と車を呼び、病院に行くのを目の当たりに見ました。その後へ兵を満載した二台のトラックが入ってきました。その中のある若い少尉は、血だらけのズボンをタオルで結んで足を引きずるように下りて来ました。どこか襲撃して負傷したらしいが、「成功成功」と悲壮な叫びを上げていました。

「栗原、早く兵隊を帰してくれんか」

翌二十七日、私達の第一一中隊は命令により陸軍大臣官邸を引き揚げて国会議事堂に移りました。この建物は建設中でした。そしてその日の夕方、臨時内閣の組閣本部が山王ホテルに出来るということで、これを警備するよう溜池の同ホテルに移動しました。私達兵卒は出動以来外套もなく、昼夜を通じて雪中の勤務です。その上食事は凍てついた折詰弁当で、湯茶も味噌汁もありません。厳しい寒さを感じました。外套と温かい食事が連隊より送られてきたのは二十七日の夕方で、これでやっと一息つきました。

山王ホテルは当時としては高級な四階建ての建物で外人客等も多く泊まっておりましたが、急に軍隊が侵入したのでお客は驚いてほとんど逃げ出してしまいました。従業員も逃げてしまいました。中は暖房がきいて暖かでした。私達は地獄から急に天国に来たような心地がしました。

ホテルに一人勇敢な女性の従業員が残っており、朝食に兵隊さんのためにと言って夜も眠らず沢山のおむすびを作って、私達も分けていただき感激いたしました。その夜、東京に戒厳令が敷かれ、地方の部隊が続々と東京に入って来ているとの情報が上官の会話でわかりました。

翌二十八日、戒厳司令官命令が発せられ、「永田町一帯の占拠部隊は速やかに占拠中の建物より撤去し旧所属の部隊に復帰せよ」ということでありました。然《しか》るに行動部隊の指揮官は、あくまでも自己の主張を貫くため、この命令に従わず戦闘の準備を固め、各部署を定めました。私達重機は玄関前の両側に砂嚢《さのう》を積んで陣を造り、戦闘の態勢をとりました。全員白鉢巻、白だすきで軍歌を歌い、士気すこぶる熾《さか》んでした。そして私達それぞれに葉書が一枚ずつ渡され、家族宛に遺書をしたためるよう言われ、最期の別れの言葉を書いて提出しました。

戒厳司令官は命令に従わぬ行動部隊を鎮圧するため、武力に訴える攻撃の命令を出したとの情報が入ってきました。そして私達の前の道路に並ぶ民家には、鎮圧のための歩兵が二階まで埋めつくし、小銃や軽機関銃をこちらに照準しているのがよく見えてきました。

明けて二十九日となりました。鎮圧部隊は完全に永田町一帯を包囲して、攻撃に移らんばかりの態勢をとりつつあることが情報によってわかりました。あの有名な「兵ニ告グ」の勧告が始まりました。近くにアドバルーンも揚がりました。戦車隊が轟音を立ててこちらに進んで来ました。そして戦車から勧告のビラが撒《ま》かれました。飛行機も低空を旋回してビラを撒いておりま す。また近くに大型の拡声器が据えられて、「兵ニ告グ」をくり返し叫んでおりました。

占拠部隊と鎮圧部隊は目と鼻の間に銃砲を構えてにらみ合い、命令と同時に激しい戦闘が始まる、まさに一触即発の危機が迫ってきました。

師団長、旅団長、参謀等が次々と降服と解散の勧告に山王ホテルに来られるのですが、占拠部隊の指揮官が頑として譲らず、沈痛な面持ちで帰って行かれました。連隊長も見えました。少しして小澤中隊長がお出でになりました。中隊長は山王ホテルの玄関で栗原中尉と会い、「栗原、早く兵隊を帰してくれんか、頼む」と言いましたが、栗原中尉は無言でした。そして二人は中に

馬上の小澤機関銃隊長

入って行かれました。

　私はこの中隊長の説得によって、事態が解決してくれればと心で祈りました。

「栗原、早く兵隊を帰してくれんか、頼む」

　その声は低いが、心をこめて中尉に哀願するように聞こえました。私には神の声を聞く思いでした。私達部下を救うため、危険を顧みず単身でここまでお出でになり、部下の中尉に哀願するのである。

　中隊長にしてみれば、自分の留守の間に自分の意に反して全中隊員三〇〇名を出動せしめられ、今や部下は反乱軍の汚名をきる岐路に立っているのである。もし戦闘となれば部下の全滅は火を見るよりも明らかである。中隊長のあの時の心中はどんなに苦しかったか想像を絶するものがありました。

　しかし結果は意のごとくならず、中隊長はすごすごとホテルを出て行かれました。その姿はさびしそうに見えました。私は出来得れば「中隊長殿」と呼んで飛び出して行きたい思いでしたが、事件中の事でどうすることも出来ませんでした。そして次第に緊迫した状況となってゆきました。

私達も覚悟をきめる時が来ました。私は部下一〇名に言いました。

「俺等は戦闘が始まれば必ず全滅となる。この実弾六〇〇発を撃ち尽くして潔《いさぎよ》くここで一緒に死のうではないか」

と。皆無言でうなずきました。言葉に尽くせぬ悲壮なものがありました。そして弾丸をこめた機関銃をしっかり握りしめて、「撃て」の号令を待ちました。

そこへ突然、栗原中尉が現れました。そして中隊本部のある首相官邸に引き揚げる旨を告げ、配属されていた私達二個分隊を自ら引率して首相官邸内の中隊に戻りました。

それから栗原中尉は中隊全員を官邸の庭に集めて、別れの挨拶をされました。

「お前達は二十六日以来今日までよく私の命に従って実によく働いてくれた。有難う、礼を言う。しかし私の考えた目的は達成出来なかった。誠に残念であるがいたし方はない。責任は全部私が負う。教官はこれでお前達とお別れするが、皆は満州に行っても体を大切に忠誠を尽くしてもらいたい」

そう挨拶を結び、そして中尉は感きわまって男泣きに泣き、最後の方は言葉にならない位でした。聞く兵も皆胸を締めつけられる思いでした。そして栗原中尉、林少尉や丹生中尉等とも再びこの世で相見ゆることの出来ない運命となったのであります。

事件の責を負って待命

私達は直ちに武装をとかれて丸腰となり、数台のトラックに乗せられて我が家である歩一の兵営に帰ったのであります。下車して営庭に整列し、中隊長に部隊の敬礼をしました。終わると中隊長が口を開かれた。

「このたびの行動について中隊長は……」

そこまで言われると急に涙声になってしまって、その後は言葉になりませんでした。きっと中隊長は、「私の力の足りなかったために、大切なお前達子弟に反乱軍の汚名をきせる結果となってしまって申し訳ない」と、このような意味の事をおっしゃりたかったにちがいない。言葉にならないその涙に私達兵卒は痛いほど心をうたれ、皆目をうるませて中隊長の温かい気持ちに感激したものであります。

その日を最後に私は中隊長とお会いすることが出来ずに満州派遣の先発隊として同地へ出征して行きました。その後中隊長は事件の責を負うて待命となられたと聞き、唖然といたしました。

私は現役及び召集を通じて幾人かの中隊長にお仕えいたしましたが、謹厳誠実で部下を愛し、文武兼ね備えた軍人は小澤中隊長の右に出る者はなかったと今でもそう思っております。終戦後、私達の戦友会には老齢にもかかわらずたびたびお出でになり、そのたびに当時の中隊長にお会いすることを何よりの楽しみにしておりました。しかるに一昨年（一九八八年当時）、故郷の防

2・26事件に参加した機関銃隊員の責任者として待命を申しつけられた日に（前列中央）

府市において病のため御逝去されたことを聞き、深い悲しみにくれました。

しかし隊長殿には奥様と御二人の御子息があり、御子息はそれぞれ大企業の中堅として御活躍の由、亡き御尊父も草葉の陰で喜んでおられることと思います。

ここに一詩を捧げて謹んで御冥福をお祈り申し上げる次第であります。

故元小澤部隊長殿の御霊に捧ぐ

二・二六の往時　中隊長
温情教訓　慈父の如し
今故山に帰りて　静かに永眠《ねむ》る
遥かに西方《にし》に向って　冥福を祈る

平成元年八月二日

町田文平

（一九九〇年一月記）

事件の群像〔特別インタビュー〕

片倉衷元少将　二・二六事件を語る

構成・太平洋戦争研究会

事件当時、陸軍省軍務局課員であった元陸軍少将片倉衷《かたくらただし》氏（当時・少佐）は、事件初日の二月二十六日、陸軍省の玄関口で決起将校の磯部《いそべ》浅一《あさいち》元一等主計に頭部をピストルで撃たれた。青年将校の動向に詳しかった片倉氏は、テロには反対だった。しかし、彼らの心情は尊敬すると語った。この片倉氏へのインタビューは一九八九年（平成元）十二月に行ったものだが、当時、事件で直接襲撃された側では唯一の生き残りといわれた。その片倉氏に、まずは磯部の襲撃の模様からお聞きした。

磯部はなぜ私を撃ったか

――まず、単刀直入にお聞きします、磯部浅一が先生をピストルで撃ちましたね。あれはどういうわけだったのでしょうか。

片倉　ご承知のように十一月事件（一九三四年、いわゆる陸軍士官学校事件）で磯部が停職になりました。その後、磯部はちょっとした事件を起こして免職になりました。そうさせた張本人が僕だと、彼らは想定していたんです。磯部は私を恨んでいたのです。

しかし、あの事件の背後に彼らがいたということは間違いないし、辻《つじ》君（政信《まさのぶ》・当時陸軍士官学校中隊長）が佐藤《さとう》（勝郎《かつろう》候補生）あたりを使って調査したということも間違いない。しかし、よく言われるように永田軍務局長の指示により、私と辻が謀議して事件をデッチ上げたというようなことでは断じてない。私は参謀本部員であり、陸軍省の軍務局長から指示や命令を受ける立場になかったのだから。

磯部に撃たれたときにはめていた革手袋と、取り出された弾丸を前に話す片倉さん

——陸相官邸で撃たれたとき、倒れたまま何か言われたそうですね。

片倉　天皇の命令なくして兵を動かしちゃいかん、と叫んだのです。撃った将校は香田（清貞）とばかり思っていたが、実際は磯部だった。免官になっていたのに歩兵将校の軍服を着ていたからわからなかった。

——当時、事件が起こりそうだという雰囲気を感じていらっしゃったでしょうか。

片倉　一週間ほど前にわかっていました。当時、私は軍務局軍事課満州班にいたのだが、部下に三品《みしな》という者がいて、三品の友達で元大尉だった松平という者から「歩三の連中が渡満を前にコトをあげるそうだ」という話を聞きこんできました。それを聞いて、私は陸相秘書官室で憲兵司令官とか次官などがいるとき、「コトが起こりますよ」と忠告したことがあります。憲兵司令官が「どこからの情報だ」と聞いてきましたが、「どこからということは言えない」と言ったのです。

——二月二十六日ということもわかっていたのですか。

片倉　二月の下旬ということだったですよ。

私はテロには反対だった

——片倉さんご自身も青年将校の動向に詳しかったのですか。

片倉　私は一九三三年（昭和八）八月に参謀本部の第二部第四課四班に入ったのです。陸軍士官学校事件もこのポストにいたときの事件です。ここは情報の統合、防諜関係、国内情勢等の処理を行うところで、入ってすぐ当時まだ続いていた五・一五事件軍法会議の特別傍聴人になった。これも一つの任務だった。青年将校の動向はそれ以前からずいぶん心配していたことの一つ

片倉少将が磯部元1等主計に撃たれた陸相官邸の玄関

です。

——といいますと……。

片倉　参謀本部に入る前は、満州の関東軍にいて、そこから久留米にあった第一二師団に転属になった。五・一五事件の後の定期異動のときです。第一二師団では教育関係の一部と警備、国防宣伝を仕事とする幕僚勤務を命じられた。

当時、久留米には五・一五事件の残党がたくさんいましてね。連中を集めて懇談したり、講演会で演説したりしていた。私は五・一五事件のようなことをやっちゃいかんということを主張していたのです。満井《みつい》佐吉《さきち》君も久留米師団の大隊長をしていましてね、この人も盛んに講演活動をやっていたが、私の行き方とは違っていたことはもちろんです。

——いわゆる青年将校がやろうとしていた国家改造の方向とは違っていたわけですね。

片倉　当時、荒木さん（貞夫大将・当時陸相）のところなどに青年将校が盛んに出入りしていて、隊付の将校の中には師団長や連隊長といった上官の意見より荒木さんの意見を尊重するといった雰囲気が強かった。これでは軍秩《ぐんちつ》（軍の秩序）がうまくいかない。私はそういう状況を憂《うれ》えていたのです。そこで『筑水の片言』という小冊子を作って、自分の所属する師団の杉山師団長や石田参謀長をはじめ、本庄中将、南大将、荒木陸相、永田少将、石原大佐など要路の二十数名に配ったことがあります。

――国家改造の方向としては、一言でいえばどういう立場を表明されていたのでしょうか。

片倉　それは、満州事変をきっかけにして、国民も軍部に協力しようとしているこの時期をとらえろ、この勢いを利用して陸相が強力に総理大臣を動かして国政の検討をやらなければいけないというものです。

――軍部が主導権を握るとしても、あくまで内閣を通じてということですか。

片倉　そういうことです。

私はまもなく久留米から参謀本部に転属になりましたが、班長の武藤さんに挨拶にいったとき、「君、これはやらんだろうね」と人指し指を曲げて拳銃を撃つ真似をするので、「イヤ、私はそっちのほうじゃない」と言ったのです。

『筑水の片言』には、日本国家の内容はこのままではいけない。直すべきところは直さなければいけないと書いたけど、革命を示唆《しさ》することは一切ないのです。

同志を誘って国家改造研究会

――片倉さんはそういう国家改造の内容について、研究会を主宰されたことがありましたね。あれはどういうきっかけからですか。

片倉　直接には当時陸軍大臣の秘書官をやっていた若松（二郎）さんから声をかけられたことだったのです。とにかく、いわゆる青年将校運動というのは活発でしたからね。五・一五事件以後は海軍との連携はなくなっていたのですが、八年から九年にかけて、参謀本部と陸軍省の中堅幕僚が青年将校運動の指導的立場にいる者と何回か会って話を聞いたことがある。満井佐吉、村中孝次《なかたかじ》、西田税《にしだみつぎ》といった人たちです。しかし、話を聞くにつけ、私が不安を強くしていったことは事実です。それはやはり彼らが非合法的な何かをやるのではないかといった不安です。しかし、もし事態がそこまで進んだら、逆にそれを利用して新しい世界に導くこともできるのではないかとも考えたのです。

そういう考えにとりつかれ始めていたころ、若松さんから「なんとか今の事態に対する対策を研究してくれ」という話があったので、それではやってみようということになった。

――どういうメンバーを集められたのですか。

片倉　若松さんと参謀本部の服部（卓四郎）、辻なんかと相談して決めたんですがね。真田穣一郎、河越重定、板間訓一、中山源夫、永井八津次、島村矩康、久門有文、西浦進、荒尾興功、

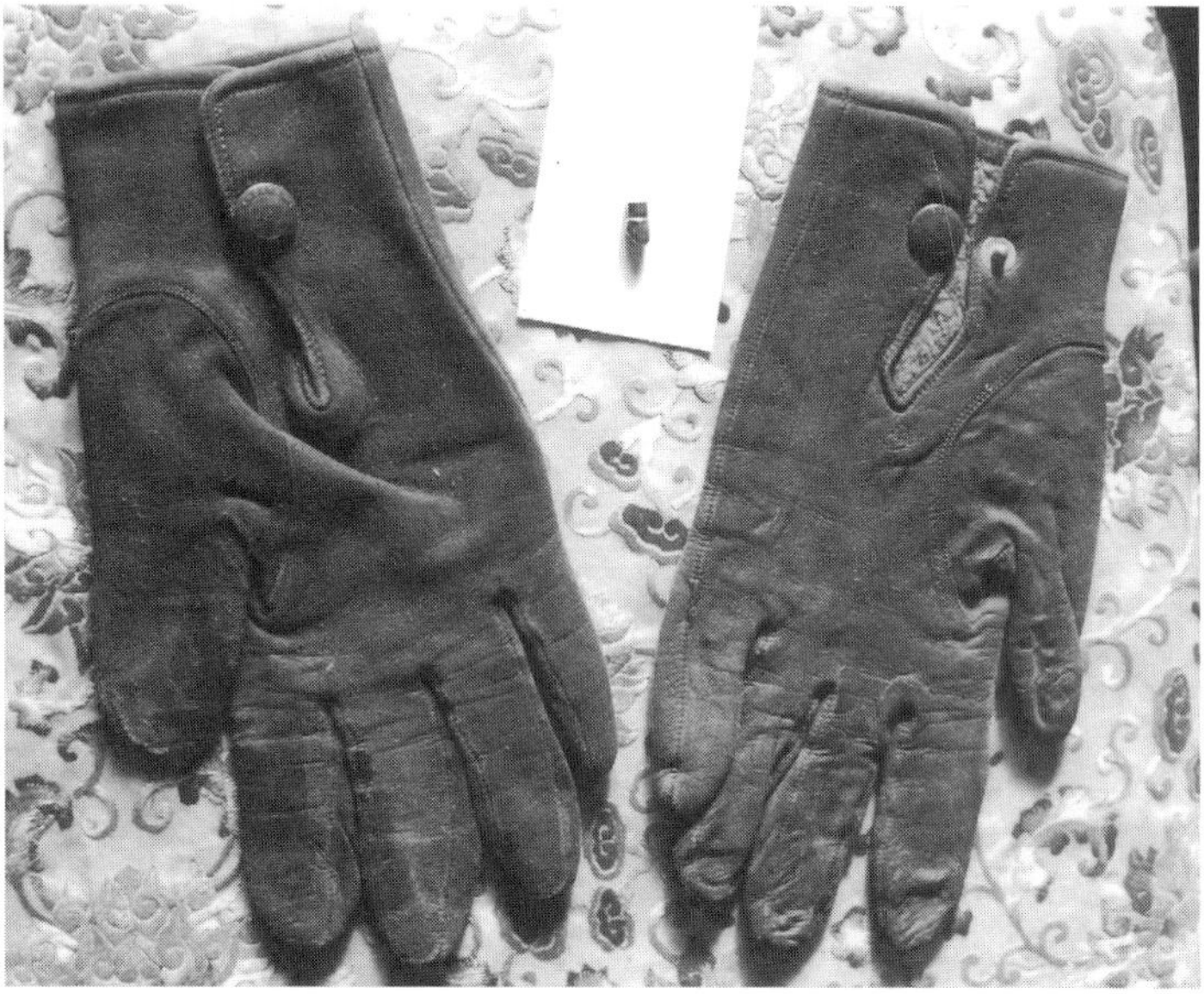

片倉氏の頭部から摘出されたピストルの弾丸と血糊のついた革手袋。裁判終了後、片倉氏に返却された

堀場一雄、加藤道雄などで、いずれも当時大尉です。私も当時は大尉でしたから。

——片倉さんがリードされたのですか。

片倉　私より上席の人もいたのですが、『筑水の片言』を配布したり、研究会を始めるにあたってたたき台のつもりで書いた「瞑想余録」と題して自分の所感を綴ったものを配っていたこともあって、私が座長ということになったのです。

——研究はどれくらいの期間でまとめられたのですか。

片倉　第一回は一九三三年（昭和八）十一月七日で、翌年一月四日には要綱をまとめた。

——「政治的非常事態勃発に処する対策要綱」というのがそれですね。

片倉　そうです。それが二・二六事件のとき、暴徒鎮圧に役立った。対策要綱はそういう事態をも想定したものだったからです。

——国家改造の方向も盛り込んであったわけでしょう?

片倉 もちろんです。あれを読んでもらうとわかりますが、軍部主導のもとでなるべく早く革新を断行するが、非合法手段の直接行為はとらないと謳《うた》ってあるのです。

——その案は軍部の正式採用となったものなのですか。

片倉 秘密に採用された形になったと言っていいのです。というのは、研究メンバーが陸軍省と参謀本部の各部署からきていますから、それぞれのメンバーがそれぞれの上司に報告するという形をとったのです。軍部の首脳部の間では「大体この方向でいこう」ということになっていたはずです。

——そういう研究案は軍部の中では初めてのものだったのでしょうか。

片倉 いや、そうじゃないんです。そういう研究案があるということは、参謀本部に移ってからウスウス気づいていたのですが、たまたま武藤班長が海外出張をして留守をした。ある日、仕事の必要から金庫を開けてある書類を捜していたとき、偶然に発見して、失礼かと思ったが読ませてもらったことがある。しかし、内容は要綱書き程度の疎略なものでしたよ。

——それはどういうメンバーが研究していたものですか。

片倉 陸軍省調査部長の工藤義雄少将を中心として、永田鉄山、東条英機、武藤章、影佐禎昭、池田純久、田中清などの将、佐官クラスですね。

これを読んだとき、将、佐官クラスではダメだ、やっぱり我々尉官クラスがしっかりしなければという気持ちを強く持ったものです。しかし、「瞑想余録」にしてもそれを下敷きにした「対策要綱」にしても、よく書いたものだと、おかしいくらいだが……。

青年将校の心情は尊敬するが……

――片倉さんなどと青年将校との間の国家改造に対する取り組みは、結局どういう点に違いがあったのでしょうか。歴史的には皇道派と統制派の争いということになっていますが……。

片倉　池田純久さんは統制派と言っていたし、満井佐吉君は皇道派と名乗っていたな。しかし、実際はそういう区別というものはなかった。

――片倉さんは第四班にいたとき、全国各地をまわって若い将校たちの意見を聞いてまわったということがあるそうですが、具体的には彼らにはどういう不平不満があったのでしょうか。

片倉　満州事変の後のことですから、若い将校の間にはしっかりしなければという雰囲気が強かった。そういう気持ちに対して、連隊長あたりが案外のんびりしていることに対する苛立ちというものがあったと思います。

連隊長への不満というのは、直接中央幕僚に対する不満ともなっていたわけです。その点、荒木さんあたりはそういう元気のいい将校から意見を求められると、はっきりものを言うので人気があったわけです。

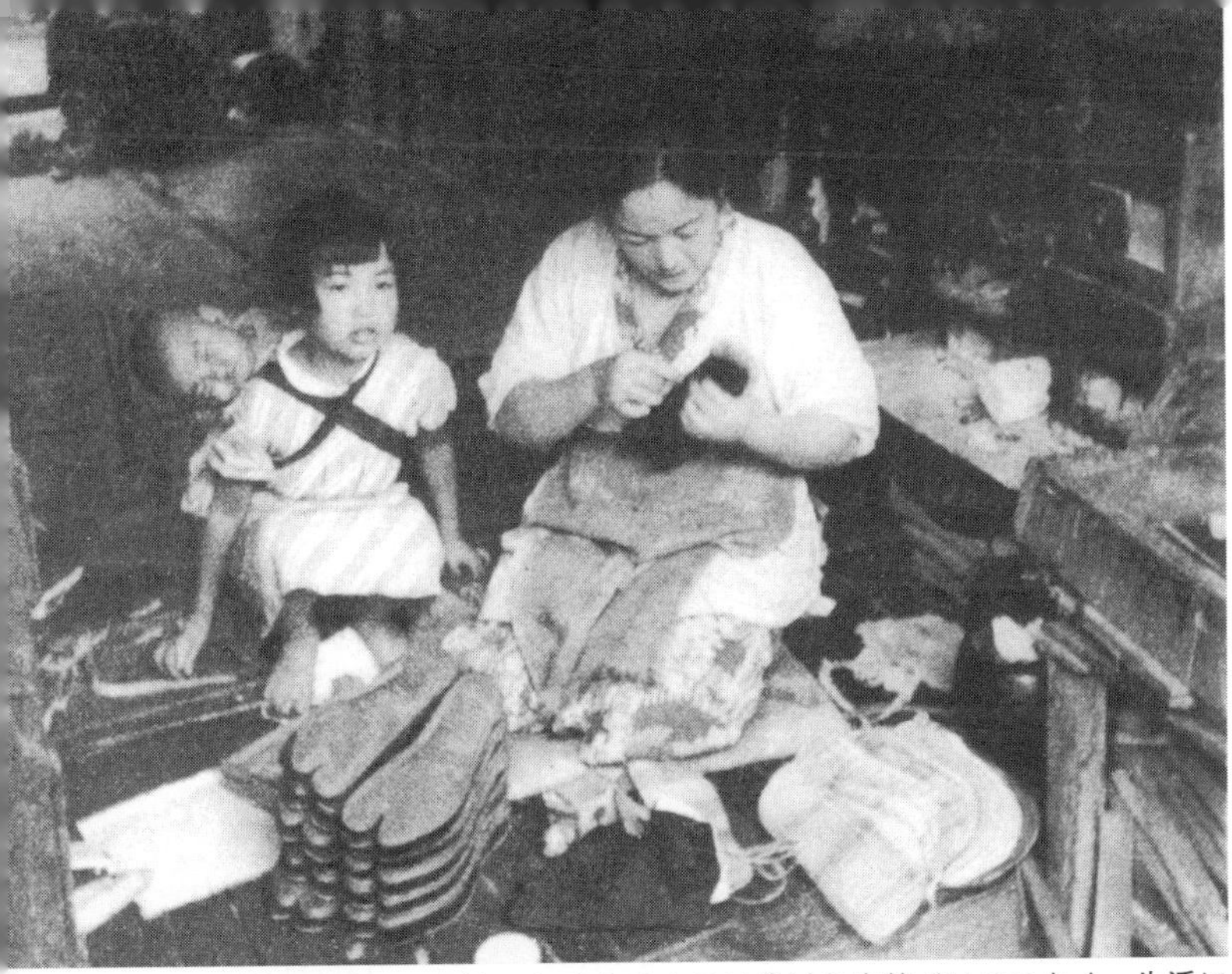

青年将校たちをクーデターに走らせたのは農村の疲弊だけではなく、生活に追われる庶民の貧しさだった

――当時の慢性的な不況から来る農村の疲弊《ひへい》というものが、二・二六事件の背景になっていたということですが、そういう問題に対する政治への不信、不満という声も当然あったわけですね。

片倉　農民は軍の下部を作っているわけですから、兵に直接接している若い将校の間からはそういう不満が強かったわけです。連隊付の将校団に対する教育が足りないという印象でした。

しかし、全体にやはり農民の窮状や大資本と一般国民との遊離、あるいは政党が政争ばかり繰り返してなんら庶民の窮状を救おうとしないという現実があったわけで、それに対する青年将校の強い不平不満があったことは事実でした。私もこういう情況は何とか早く解決しなければ大変なことになるという気持ちを強く抱いたものです。

――なんとか解決しなければならないと思ったところは、青年将校と同じだと……。

片倉　二・二六事件を引き起こした青年将校は荒木とか真崎（甚三郎大将）といった一部の将軍と結びつき、それを北一輝とか磯部とかが煽動《せんどう》したんです。私らは組織を動かして革新をやろうとした。それが決定的な違いです。革新への心情というところでは重なるところがあるんですが、彼らの手段がね……。私はピストルで撃たれましたが、ある程度は彼らの心情については尊敬するところがあったのです。

第4部

昭和維新の主導者たち

二・二六事件は昭和初期から起こった昭和維新といわれる運動の最後の大事件だった。一連の昭和維新を唱えた民間人から軍人まで、彼らの思想と生い立ちを紹介する。なお、二・二六事件を起こした青年将校たちがもっとも影響を受けたといってもよい北一輝は別項で扱っているため、ここでは取り上げていない。

文・構成　太平洋戦争研究会

二・二六事件刑死者と自決者

西田　税

天皇陛下万歳は言わんけんな……

西田税《にしだみつぎ》は一九〇一年（明治三十四）十月、鳥取県米子市で生まれた。米子中学から広島陸軍幼年学校に進み、首席で卒業。一九二二年（大正十一）陸軍士官学校を卒業（三四期）し、朝鮮・羅南の騎兵第二七連隊付となり騎兵科少尉。

士官学校在学中に黒龍会や猶存社の国家主義者と交わり、また秩父宮殿下と同期で、親しく交遊し、厚い信頼を得た。

一九二四年五月、広島の騎兵第五連隊に転任したが、病のため二五年五月依願予備役となった。軍から退いた西田は大川周明の大学寮教官、ついで行地社に依って国家改造運動に邁進した。のち大川と袂を分かち、北一輝《きたいっき》の門下となり、二六年北一輝の『日本改造法案大綱』を刊行した。

一九二七年（昭和二）七月、「天剣党綱領」を印刷し、同志と目した全国の士官候補生、少尉、中尉クラスに配付した。「同志」の名が断りもなしに羅列してあったので、各地の部隊で憲兵隊の捜索を受けた者が続出したが（天剣党事件）、これをきっかけにして、いわゆる「革新」「国家改造」に熱意をもつ青年将校のゆるやかな大同団結の動きが起こった。以後、西田は彼らとともに運動の中心となり、青年将校は西田を通じて北一輝の人と思想を知り、西田の自宅はそれら将校の梁山泊となった。

十月事件以後、西田は武力決起に関してはきわめて慎重で、しばしば青年将校の暴発を戒めた。五・一五事件でも海軍側青年将校の再三の誘いにも頑として乗らず、ついに「裏切り者」として襲撃された。栗原安秀中尉が埼玉県の青年とともに決起しようとしたときも（救国埼玉青年挺身隊事件）、西田の強い忠告で中止したという。

二・二六事件では、こうした西田の慎重さを知っている青年将校は、決起直前まで明かさなかった。西田がそれを告げられたのは、二月二十日、磯部・村中からで、すでに止められない状況だったという。その直後、西田は安藤輝三大尉と話す機会を得た。安藤は去就を決しかね

西田　税

ていた。安藤は「（みんなは）今度は貴方を撃ってでも前進する」かもしれないと述べた。西田は中止勧告を無理とみて、「私も諸君との関係上、生命を捨てます」とその心情を吐露した。安藤が決起に決意したのはその後だった。

西田は山口一太郎《やまぐちいちたろう》大尉や亀川哲也《かめかわてつや》（政界浪人）と連絡し、決起後は山口が義父本庄繁侍従武官長、亀川が真崎大将と山本英輔海軍大将、西田が小笠原長生海軍予備役中将への工作を行うことを決めた。二十五日には北に会い、決起を告げた。

決起部隊が反乱部隊となり、西田も三月四日、角田猛男爵邸で逮捕された。西田は事件のあとも各地を転々として逮捕から逃れようとした。ある意味では潔くないのだが、西田は秩父宮による事態打開に最後の望みをかけていたのではないかと『西田税　二・二六への軌跡』の須山幸雄氏は推察している。

しかし、西田は獄中で天皇の激しい怒りを知った。事件から二カ月後に開院された議会の勅語の中にも「今次東京ニ起レル事件ハ、朕ガ憾《ウラミ》トスル所ナリ」とあった。

西田は死刑判決後面会にきた肉親に、「俺は殺される時、青年将校のように、天皇陛下万歳は言わんけんな、黙って死ぬるよ」（須山、前掲書）と語ったという。

野中四郎

「我れ狂か愚か知らず一路遂に奔騰なり」

野中四郎《のなかしろう》は一九〇三年（明治三十六）十月、青森県弘前市に生まれた。父・野中勝明大佐（のち少将）は当時の歩兵第三一連隊長であり、父の赴任地で誕生したのだった。

東京府立第四中学校から東京陸軍幼年学校、陸軍中央幼年学校を経て、一九二四年（大正十三）陸軍士官学校を卒業した（三六期）。歩兵第一連隊をふりだしに一九二五年には歩兵第三連隊に転任。一九三三年（昭和八）大尉に昇進し、歩兵学校を卒業し、第三連隊中隊長となった。

野中四郎

決起将校のなかでは最先任で、自ら草案を練った「蹶起《けつき》趣意書」には筆頭人としてその名をとどめている。慎重な人物といわれているが、決起への意思は固く、すでに二月十九日に遺書を書いている。ちょうどそのころ、兵を率いて起つべきか起たざるべきかに迷っていた、二期後輩の安藤輝三大尉に、決起すべきことを強力に勧めていた。

「此の間も四、五人の連中に、是非君も起ってくれとつめよられました。しかし、自分はやれないと断った。この事は週番中の野中大尉に話したら『何故断ったか』と叱り、自分たちが起って国家の為に犠牲にならなければ、かえって我々に天誅が下るだろう。自分は今週番中である。今週中にでもやろうじゃないか、と言われ、自分は恥ずかしく思いました」（引用は須山幸雄『西田税　二・二六への軌跡』）。これは決起直前に西田宅を訪れた安藤の言である。

実際は安藤が週番司令に入ってから決起となるのは周知のことだが、野中の決意は自分の週番中にでもという意気込みであった。野中が週番司令室で書いた遺書には、一九三〇年のロンドン軍縮の「統帥権干犯」を怒り、陸軍の「不逞」をなじり、「民主僭上の兇逆徒輩、濫りに事大拝外、神命を懼れざるに至っては、怒髪天を衝かんとす」と激しい感情を吐露している。

「即ち法に隠れて私を営み、殊に畏くも至上を挟みて天下に号令せんとするもの比々皆然らざるなし。皇軍遂に私兵化されんとするか。嗚呼、遂に赤子御稜威を仰ぐ能はざるか」「久しく職を帝都の軍隊に奉じ、一意軍の健全を翹望《ぎようぼう》して他念なかりしに、其十全徹底は一意に大死一途に出づるもののなきに決着せり。……或は逆賊の名冠せらるるとも、嗚呼、然れども遂に天壌無窮を確信して瞑せん」などと決意を述べている。

第一師団の満州派遣が決定されていたことから、決起が早まったのは事実だろうが、その辺の事情も野中は遺書に次のように書いている。

「我師団は日露征戦以来三十有余年、戦塵に塗れず、其間他師管の将兵は幾度か其碧血を濺いで一君に捧げ奉れり。近くは満洲、上海事変に於て、国内不臣の罪を鮮血を以て償へるもの我戦士なり。我等荏苒久しく帝都に屯して、彼等の眠る地へ赴かんか。英霊に答ふる辞なり」

野中は、最後に次のような狂歌にも似た一首をしたためて、遺書を終わっている。

「我れ狂か愚か知らず一路遂に奔騰なり」

野中は陸相官邸で自決したが、その直前に他の同志に絶対に自決するなと戒めてもおり、あまりにも唐突な自決の決断には根強い疑念が残されている。井出大佐に託されたという最後の遺書には、父親や妻への「お詫び」の言葉が連ねてあるだけで、自決に至った事情には一言も触れられていない。

渋川善助

何でも他人にやりたがった

渋川善助《しぶかわぜんすけ》は一九〇五年（明治三十八）、会津若松市の渋川利吉の長男として生まれた。父親は海産商を営んでおり資産家であった。

会津中学校から仙台陸軍幼年学校へ入り、陸軍士官学校（三九期）に進んだ。予科を優秀な成績で卒業したが、本科の卒業目前に退学処分となった。時の校長は真崎甚三郎《まさきじんざぶろう》中将である。

同期の末松太平は、「退校の理由はなんでもないことだった。学校教育を教育学の基本問題に照らして批判しただけのことで、それが異常に学校当局の忌諱にふれ、あっけなく退校をいい渡されたのである」と、書いている。

渋川は部下への号令ばかりか、後年、同志とともに打ち合わせで料亭を使うときも、そばに侍《はべ》る芸者さんにも敬語で応対し、変な顔をされることがよくあったという。そんな性格が、階級社会の鋳型にはめようとする陸士教育への批判となったのだろうか。

陸士退学後は明治大学法科に学び、興亜学塾、敬天塾など民間愛国団体に関係を持ちつつ、国家革新運動に挺進した。先述の末松太平中尉（当時。青森の第五連隊。二・二六事件では、不参加であったが同志の一人として禁固四年の実刑を受けた）と一九三四年（昭和九）ごろ、二人は内大臣・牧野伸顕《まきののぶあき》を暗殺する決意をかためひそかに機会をねらっていた。末松はそのために毎週土曜日、青森から夜行で上京し、翌日曜日の夜行で青森に帰るという生活を一カ月以上続けた。

渋川が妻・絹子と結婚式をあげたのは一九三四年十一月だが、渋川当人は祝言の席に姿を見せなかった。なぜか、弟の善次とともに二組の合同結婚式だったというが、「式はお婿さん一人、お嫁さん二人で始まり、善助さんはとうとう最後まで姿を現しませんでした。あとで聞いたら埼玉挺身隊事件の取り調べを受けていたそうです」（出席者の一人、渋川サトの話）。

渋川善助夫妻は東京文京区の小石川にあった直心道場に新居を構えた。道場ということもあったが、人の出入りが頻繁で、二人でゆっくり新婚生活を楽しむゆとりはなかったようだ。

妻の絹子は、

「家には毎日のように磯部（浅一）さんや村中（孝次）さんが遊びにきてくれました。奥さんも一緒だったり、村中さんは子どもを連れてきたりで賑やかだったのです。会津の（善助の）実家にはずいぶん面倒をみてもらいました」

と、回想する。

渋川との結婚生活はわずか二年余りだが、その短かった結婚生活を思い出すように次のように語っている。

「困っている人を見ると、持っているものでも着ているものでも何でもくれてしまう人でした。事件（二・二六事件）の後でも、あの人のやることだから間違ったことではないんだろう——周囲にそう思わせるものを持った人でした」

渋川善助

金持ちは金持ちなるがゆえに他人に対してケチになる人と、やたらに寛大になる人がいるものだ。渋川善助は、後者に属していた。
「渋川の家では、奉公人と一緒に食事をしていたのですが、休暇で兄が東京から帰ってくると、親たちは兄にだけ特別に御馳走を出すんです。長男ですし、久しぶりですからね。

ところが兄は、〝これはお前にやる〟〝こっちはお前が食べろ〟と言って、全部、奉公人に分けてやるんです。そして、〝俺はみんなと同じものを食う〟と言ってきかないんです」（弟・善三〔故人〕の話）

妻と湯河原「伊藤屋旅館」を偵察

二・二六事件の直前、二月二十三日、渋川善助は磯部浅一から、神奈川県・湯河原の「伊藤屋旅館」に投宿しているはずの牧野伸顕伯爵の所在を確認することを依頼される。かつて末松とともに狙いをつけた宮廷勢力の大物だけに、渋川は二つ返事で引き受けた。渋川は絹子を連れてその日のうちに湯河原に向かった。

「〝暇ができたから湯河原に行く〟と、急に言われました。〝もう少し暖かくなってからでも〟と言ったら、〝そんなこと言ってたら、また行けなくなる〟と言われて、一緒に出かけました。

今でも覚えているのは、〝持っている着物で一番いいものを着ていくように〟と言われたことです。湯河原に着いたのは夕方頃だったと思います。まだ外が明るかったので、言われるままに旅館のまわりを散歩しました」（絹子の話）

絹子は、旅館周辺で散策したことが、牧野伯爵の偵察であることはもちろん、二・二六事件の計画についても何も明かされてはいない。

襲撃で焼け落ちた湯河原の伊藤屋旅館別館

翌朝、善助は東京・代々木の「西田さんのところに届けて来い」と言って、絹子に一通の封書を手渡した。一人で汽車に乗り東京に出て、西田税宅を訪ねた。西田宅には大勢の人が集まっており、磯部の姿もあった。

「(二月)二十五日(二十四日か?〔引用者〕)は湯河原に行った渋川の連絡を待った。午前十一時、渋川の夫人が西田宅に帰って着たので手紙を見ると、牧野はたしかに伊藤屋の別館に滞在してゐるとの通知。伊藤屋本館に滞在中の徳大寺の所へ時々囲碁をやりに来る。其の時も警戒付で、平素四、五人の警官がついてゐるという報だ——」

これは磯部が書き残した『行動記』に出てくる〝渋川夫人の西田宅訪問〟のくだりだ。

もっとも、絹子が持参した封書にはそんなあからさまな記述はなかったともいう。ただ、「湯河原の山の彼方の奥ふかく梅はほころび鶯の鳴く」という和歌が一首書かれていたという。鶯とは牧野伯のことである。万一、絹子が官憲に押さえられても、書簡からコトが発覚することを防ぐためにあらかじめ打ち合わせていた符丁だった。

手紙を受け取った西田は、返事を書いて絹子に託した。ふたたび湯河原に戻った絹子は西田から預かった手紙を渡すと、渋川は、「廊下に立ってろ」と、部屋の外で見張りを命じられた。

明けて二十五日、渋川は絹子とともに帰京の途についたが、横浜で途中下車した。軍服姿の男性が駅で出迎えた。

三人はある旅館に入った。

絹子はそのときのいささか緊迫した模様を次のように語っている。

「横浜の旅館でも〝部屋の外で待ってろ〟と言われ、私は廊下をうろうろと歩き回っていました。しばらくして、その軍人との話が終わったらしく旅館を出たのですが、主人とは横浜駅で別れました。東京へ着いたのは真夜中で、もう二十六日になっていたと思います。主人とはそれっきりで、次に会ったのは刑務所で面会したときでした」

絹子が言う〝横浜で出迎えた軍服の男性〟とは、河野寿大尉である可能性が高い。もちろん事件当日、湯河原「伊藤屋旅館」を襲撃した指揮官である。

絹子が二十六日未明帰宅して数時間もたたないうちに、降りしきる雪のなか、決起部隊の襲撃が各所で始まっていた。

破壊された「幸楽」裏手。野中大尉らがたてこもり、渋川も訪れた

「夜が明けきれない頃からでしょうか、道場が騒がしくなってきました。塾生の、たしか金子さんと言ったと思いますが、〝大変だ大変だ、奥さん。外はすごい人ですよ、見てください〟と言いながら駆け込んできたんです。

私は、横浜で主人と別れるとき、〝あとで電話する〟と言われていましたので、〝電話がくるかもしれないので、ここにいる〟と言って、電話室の前で待っていました。しばらくしたら、主人から電話がありまして、〝当分戻らないからそのつもりでおれ〟と言われました。主人とはそれっきりです。

事件のことは少しずつわかってきましたが、前の日の夜遅くまで一緒にいたので、まさか事件に加わってることはないだろうと思っていました」

と、絹子は語っている。

渋川善助は、事件発生後しばらくの間は、西田税の指示によって、情報の収集など外部活動に専念していたが、二十八日、赤坂の料亭「幸楽」、山王ホテル、陸相官邸などに姿を見せ、事件終結まで決起部隊と行動をともにした。

「幸楽」では、野中四郎大尉が、「兵隊がかわいそうだから、すべてを包囲側にまかそう」と言ったとき、渋川は、「兵隊がかわいそうですって——。全国の農民がかわいそうではないんですか」と、食ってかかったという。

処刑前日、ふだんと変わらぬ態度

一九三六年七月五日、渋川善助にも死刑が言い渡された。絹子は言う。

「事件からこんな短い期間の裁判で、こんなに大勢の人を殺せるものかと、思いました。私は、あの人がまさか死刑になるなんて思ってもみませんでした。事件に直接加わったわけでもありませんし……」

七月七日から面会が許された。絹子のほか、肉親や友人知人が、代々木の陸軍衛戍《えいじゅ》刑務所に収監されている渋川を訪ねた。

絹子は最後の面会の模様を次のように語った。

「最後に主人と会ったのは、処刑される前の日の七月十一日でした。主人はふだんの感じとまったく変わっていませんでした。この人が間もなく死ぬだなんて、とても思えませんでした。

主人からは先々のことを言われました。七日町（善助の実家）にいて幸せになるのならそれでいいし、里に帰ったほうが幸せならばそうすればいい。お前が幸せになることを考えるようにと。私は何とも答えられず、もう、ただ泣いていました」

七月十二日、午前八時三十分、渋川善助は他の同志とともに銃殺された。三十歳八カ月という。渋川も獄中で手記を書き、今日に伝えられているが、処刑当日の朝にも次のように淡々と記している。

七月十二日（日）朝、晴

今朝執行サレルコトガ昨日ノ午後カラウスウス解ツテ夜ニ入ツテハツキリ解ツタ。一同ノ為力ノ及ブ限リ読経シ祝詞ヲ上ゲタ。疲レタ。今朝モ思フ存分祈ツタ。揮毫ハ時間ガ足リナクテ十分出来ナカツタ。徹夜シテ書イタガ、家ヘノ分、各人宛ノハ出来ナカツタ。『為報四恩』ヲ家ノ分ニシテ下サレバヨイト思ヒマス。済ミマセンデシタ。最後マデ親同胞ニ盡スコトガ出来マセンデシタ。

遺言ハ平常話シ、今度オ目ニカカツテ申上ゲマシタカラ別ニアリマセン。

一同 { 君ケ代合唱
天皇陛下　萬歳三唱
大日本帝国（皇国）萬歳三唱 } シマシタ。

祖父上様ノ御写真ヲ拝見シ、御両親始メ皆々様、御親戚ノ方々ニモオ目ニカカレテ嬉シウ御座イマシタ。皆様、御気嫌ヤウ。

私共モ皆元気デス。

浩次、恵三、代リニ孝行盡シテクレ。

絹子元気デ辛抱強ク暮セ、祖父上様ヤ父上様、母上様ニヨクオ仕ヘシテオクレ。五之町ノ皆様、御許シ下サイ。

此ノ日記（感想録）ハ絹子ニ保存サセテ下サイ。

百千たび此の土に生れ皇国に
　仇なす醜も伏しすくはむ

遺詠
四つの恩報い盡せぬ嘆こそ
　此の身に残る憾なりけり

昭和十一年七月十一日

光佑コト善助
直指道光居士

祖父上様
父上様

母上様
皆々様

我不愛身命　但惜無上道
昭和十一年七月十一日　　　　　　　　　　　渋川善助　残

妻・絹子は戦後しばらくたって、世の中が落ちつきはじめた頃に再婚した。現在は再婚した御主人も亡くなり、静かに余生を送っている。

反乱側の青年将校と戒厳軍の参謀役の両方を映画の世界で演じたことのある俳優の佐藤慶氏は、絹子の甥にあたる。一九二八年生まれで、事件当時は八歳であった。

その佐藤氏はかつて次のように語ってくれたことがある。

「叔父を含めて、決起した人たちの気持ちは非常に純粋だったと思うのですが、とった行動については疑問なしとはしない部分があります。まあ、時代背景が違いますからむずかしいですが。叔母については、あの時代を生きた犠牲者の一人ではないかと思います」

（渡辺大助）

村中孝次

「大命に抗するがごとき不逞不臣にあらず」

村中孝次《むらなかたかじ》は、一九〇三年（明治三十六）、旭川市に七人兄弟の三男として生まれた。父親は町会議員をつとめるなど名士であった。

札幌一中から仙台陸軍幼年学校、陸軍士官学校（三七期）へと進んだ。一九二五年（大正十四）陸士を卒業し、旭川の第七師団歩兵第二七連隊付となったが、偶然にもその師団長は渡辺錠太郎《わたなべじょうたろう》中将だった。決起部隊の銃弾に倒れたあの教育総監である。

この最初の赴任地で、新品少尉とはいえ渡辺師団長との接点があった。ドイツ語に堪能だった村中は、あるとき渡辺師団長に命じられてドイツ戦史を翻訳、その内容があまりにも素晴らしかったので、渡辺は色紙を村中に贈ったという。

一九二八年（昭和三）、中尉に進級して士官学校予科区隊長となった。このときの教え子が、士官候補生のまま五・一五事件に参加している。一九三二年、陸軍大学校を卒業。当時すでに革新運動の中核的存在であったが、武力による行動には極力反対し、合法的な国家改造に腐心した。

そうしたなか、一九三四年、いわゆる十一月事件（陸軍士官学校事件）が村中らの生き方を変えた。〝でっちあげ〟に猛反発した村中は、磯部とともに「粛軍に関する意見書」を公表し、免官となるや村中の全精力は昭和維新実現に注入された。

村中は二・二六事件の「蹶起趣意書」を起草した。

その事情を「本趣意書は二月二十四日、北一輝氏宅の仏間、明治大帝御尊像の御前に於て神仏照覧の下に、余の起草したもの云々」と『丹心録』に書いている。

決起後は同志をまとめつつ軍上層部との折衝に奔走、不眠不休で活動したが、彼らの希求する「維新大詔」はついに発せられなかった。

奉勅《ほうちょく》命令が発せられたことを知ると、兵を原隊に帰し、陸相官邸で山下奉文《やましたともゆき》少将に「天の裁きを受けます」と語ったという。しかし、『丹心録』では、「蹶起部隊将校は拘禁せらるる最後の瞬間まで、一人として奉勅命令の伝達を受けたる者はなく……吾人は大命に抗するが如き不逞不臣の徒にあらざることを断言せん」と強調している。

村中孝次

死刑の判決が出たあと、村中と面会した大谷敬二郎憲兵大尉（当時）は、村中の胸中を次のように伝えている。

「今日になって過去一切を静かに反省してみる

と、結局、私たちは陸軍に、といっても軍の一部ですが、躍らされてきたのでした。それは全く彼らの道具に使われてきたという外ありません。（中略）私たちは完全に彼らにしてやられたのです。これらの人びとに対する憤りは今になっても消えません。われわれは死んでいきます。いさぎよく死んでいきます。ただ心残りなのは、われわれが軍の首脳部やその一部の幕僚たちに利用され、彼らの道具に使われたということです。彼らこそ軍を破壊し、この国を滅ぼすものであることを私は信じて疑いません」（『二・二六事件　流血の四日間』による）

しかし、このコメントは俄には信じられない。決起部隊が、決起後の善処を彼らが期待した真崎大将らが積極的にとらなかったということに、怨みは持っただろうが、だからといって彼らの道具に使われたという認識は誰にもなかっただろう。もし、そうであるとすれば、二・二六事件の全貌はすべて書き改められなければならない。

磯部浅一

「必ず真崎大将はやって呉れる……と信じた」

磯部浅一《いそべあさいち》は一九〇五年（明治三十八）四月、山口県大津郡菱海村に生まれた。生家は農業である。広島陸軍幼年学校を経て、一九二六年（大正十五）陸軍士官学校を卒業（三八期）、安藤輝三大尉と同期である。

一九二八年（昭和三）、中尉に進級。その後、陸軍経理学校に入り、三三年卒業。近衛歩兵第四連隊付、野砲第一連隊付などを経て三四年八月一等主計となった。しかし同年十一月、いわゆる「陸軍士官学校事件」の嫌疑で、村中孝次中尉とともに停職処分を受けた。冤罪で処分を受けた磯部らは猛反発し、「粛軍に関する意見書」を作成して、要路に配布、このため免官処分となった。

動かすべき部下を持たなかった磯部の立場は、決起後を有利に展開させるべき上部工作だった。次を読むと磯部が決起前にどんな軍上層部と接触していたか、決起後になぜ軍首脳部が煮え切らない態度に終始したかが、よく理解できる。

磯部浅一

「（決行の腹ができたので）今度は少しく軍当局者の腹中もさぐって見たいと云ふ慾が出来たので、秦中将（真次。荒木全盛時代の憲兵司令官。当時は予備役になったばかりだった）を通じて荒木（貞夫。軍事参議官）、真崎（甚三郎。軍事参議官）、古荘（幹郎。陸軍次官）、杉山（元。参謀次長）等から、何事か起った場合の中央部の態度を知ることにつとめた。村上（啓作。陸軍省軍事課長）を通じ陸軍大臣の態度をたしかめ、且、菅野氏を通じ森伝氏から真崎、川島（義之。陸軍大臣）の態度を確めた処が、どれもこれも大した返事はきかれぬ、唯一同一様に困っているらしい事だけはたしかだ。何事か起らねばかた付かぬ、起った方が早く片付くと云った事丈は皆考へゐる事がたしかである。十二月中には小川（三郎）の上京を機会に、古荘、山下（奉文。陸軍省軍事調査部長）、真崎に会った」（カッコ内は引用者）

これは『行動記』の中の一節だが、古荘は「とても吾々の様にせいている人間とは話があひそうになく」、山下は「（何事か起こった時どうするかとの問いに）アア何か起った方が早いよ」と泰然とし、真崎は「このままでおいたら血を見る、俺がそれを云ふと真崎がせん動してゐると云ふ、何しろ俺の周囲にはロシヤのスパイがついている」等と語ったそうだ。

磯部はこの三人に会う前（「七月ごろ？」と磯部は回想する）に川島陸相にも会った。これは決起の成功を予測させるに十分の感触を得たようだ。

「川島には何等かの腹がある、事件突発の時、頭から青年将校を討伐はしない、必ず好意的善処をしてくれると考へた」のだった。

川島陸相と真崎には一月末にも会っている。川島は渡辺教育総監の辞職を「君等がすすめたらいいだろう」などと語り、好意的態度に終始した。真崎に関しては次のように記している。

「真崎は何事かを察知せるものの如く、『何事か起るのなら、何も云って呉れるな』と前提した」そして、相沢公判にことかけて「金子の都合を願った」ら、五百円を快諾したという。

「余は、これなら必ず真崎大将はやって呉れる、余とは生れて二度目の面会であるだけなのに、これだけの好意と援助とをして呉れると云ふ事は、青年将校の思想信念、行動に理解と同情を有してゐる動かぬ証拠だと信じた」

こうして、磯部はほとんど絶対の信念をもって、決起への道筋を作っていったのだった。

対馬勝雄

「還軍隊伍君已欠　我以残生斬国仇」

対馬勝雄《つしまかつお》は一九〇八年（明治四十一）十一月、青森県南津軽郡田舎館村に生まれた。父は砂利運搬船の作業員だったが、家計がたちゆかず母が行商で補っていた。学業は優秀で、青森師範付属小学校を総代で卒業した。青森中学（現青森高校）一年終了で仙台陸軍幼年学校を経て陸軍士官学校へ進み（四一期）、一九二九年（昭和四）卒業した。決起部隊の栗原安秀中尉、中橋基明中尉と同期である。

その年、仙台陸軍幼年学校への青森県からの合格者は対馬ただ一人だったが、両親は息子の入学式に必要な紋付き羽織の用意がなく、借り物ですませたという。

一九三一年（昭和六）十一月、満州事変に出征（弘前歩兵第三一連隊）、翌年七月中尉に進級し

対馬勝雄

た。一九三四年三月、豊橋陸軍教導学校付となり、同年当地で結婚。一九三六年一月十五日、長男好彦が生まれた。決起は長男誕生間もなくのことだった。

対馬の当初の襲撃目標は、静岡県興津の別邸「坐漁荘」に滞在している元老西園寺《さいおんじ》公望《きんもち》だった。これを最初に持ちかけたのは豊橋を訪れた磯部浅一で、その後、栗原を交えて一緒に西園寺襲撃に加わる予定の竹嶌継夫中尉らと具体的な打合せを行っている。

しかし、西園寺襲撃は直前に中止された。対馬が豊橋の同志に襲撃計画を説明したところ、板垣徹（四一期。二・二六事件では不起訴。後に大本営作戦課参謀などをつとめた）が下士官兵を動員することに反対したからという。対馬と竹嶌は単独上京し、栗原指揮の部隊に合流、首相官邸襲撃に加わった。

対馬らとともに満州に出征した末松太平大尉（当時は中尉、弘前歩兵第五連隊）は、「二・二六事件に於ける対馬中尉の死を思うたびに、佐倉義民伝を思う。二・二六事件は軍服を着た百姓一揆であった。対馬中尉に於ては郷里津軽農民の構造的貧困を抜本的に救わんがための決起であった」（『邦刀遺文』）と書いている。

凶作、出稼ぎ、身売りなど、対馬は成長過程で津軽農村の惨状を目の当たりにしていた。将校として満州に出征したが、その胸中はなかなか複雑なものがあったことを、次の漢詩が窺わせている。これは獄中で、往時をしのんで書いたものというが、「同志胸中秘内憂　追胡万里戦辺洲　還軍隊伍君已欠　我以残生斬国仇」という文言の中に、すでに満州事変のころに国家改造を同志とともに考えていたことを暗示している。

戦死した同志の分も自分の残生をもって国に仇なすものを斬るという信念が芽生えていたことを窺わせる。

対馬に死刑判決が下されて、両親は面会を続けた。妻・千代子は病床にあり、好彦が祖母に抱かれてやってきた。その折り、「来たか坊やよ　悧口な坊や　たった一つで母さんの　つかひにはる〴〵汽車の旅　お丶　お手柄〳〵」と書き残している。

息子が長じて読むことを期待した「好彦ニ與フル書」には、「父ハ尊皇ノ使命ヲ尽シ終ラントス父ハ永久ニ不滅ナリ……尊皇ノ大儀ハ深遠測ルベカラズ　皇国ハ永遠ニ世界統一ニ向ヒ邁進シ　天皇ノ神聖ハ太陽ノ上ルガ如ク　年々無辺ニ光被セントス　際限ナシ　サレバ汝ハ自ラ慮リテ目標ヲ制限セヨ　自愛自重セヨ　汝ハ父ノ延長ナルゾ」と書かれてある。

河野 寿

河《こう》野《の》寿《ひさし》は、一九〇七年（明治四十）佐世保で生まれた。一九二八年（昭和三）陸軍士官学校を卒業（第四〇期）。同期に竹嶌継夫がいる。砲兵連隊を経て一九三四年、航空兵科に転科し所沢陸軍飛行学校に入学。卒業と同時に満州公主嶺飛行隊に転出、三五年八月大尉、同年十月、再び所沢飛行学校へ入学した。

河野 寿

河野が語ったという次のような話が、磯部浅一の獄中手記にある。

「磯部さん、私は小学校の時、陛下の行幸に際し、父からこんな事を教えられました。『今日陛下の行幸を御迎えに御前達はゆくのだが、若し陛下のロボを乱す悪漢が御前達のそばからとび出したら如何するか』、私も兄も、父の問ひに答へなかったら、父が厳然として『とびついて行って殺せ』と云ひました。

私は理屈は知りません。しいて私の理屈と云へば、父が子供の時教へて呉れた、賊にとびついて行って殺せと云ふ、たった一つがあるのです。

牧野は私にやらして下さい、牧野を殺すことは、私の父の命令の様なものなのですよ」

事件では湯河原の伊藤屋別館に牧野内大臣を襲撃した。襲撃の際に拳銃で胸を撃たれ負傷し、熱海の陸軍衛戍病院に入院。入院中に事件が終結し、同志に潔く自決することを勧める遺書を残して三月五日に割腹自決した。

香田清貞

香田清貞《こうだきよさだ》大尉は決起将校をまとめる幹事役という言葉が一番当てはまる。実際、仲間の面倒もよく見たようだ。陸軍を免官になり、定職を失った村中、磯部のために資金カンパの幹事役をつとめたりもしている。事件中は決起部隊の代表者として軍首脳との折衝に当たった。

香田は一九〇三年（明治三十六）佐賀県に生まれた。一九二五年（大正十四）に陸軍士官学校を卒業（三七期）、同期に村中孝次がいる。少尉任官とともに歩兵第一連隊付。一九三四年（昭和九）大尉任官後、天津駐屯軍歩兵中隊長となり、翌三五年に第一旅団副官に転じた。

熱心な日蓮宗信奉者で妻富美子と一男一女がいた。遺書は自分の行動概要を記した後、妻子宛の次のような文面が見られる。

香田清貞

「公判ハ全ク公正ナラズ、判決理由全ク矛盾シアリ。父ハ無限ノ怨ヲ以テ死セリ。父ハ死シテモ国家ニ賊臣アル間ハ成仏セズ、君国ノタメ霊魂トシテ活動シテ之ヲ取リ除クベシ。子供等ヨ、母上ノ云フ事ヲヨク聞キ、立派ナ人ニナッテ呉レ。父ハオ前等ノ父トシテ、決シテ恥カシクナイ父デアルゾ。母上ヲ大事ニ孝行ヲシテ呉レ」

事件後の裁判では、その幹事的役割からか事件の首魁として処断された。

安藤輝三

安藤輝三《あんどうてるぞう》は、一九〇五年（明治三十八）東京に生まれた。一九二六年（大正十五）、陸軍士官学校（第三八期）を卒業し、歩兵第三連隊付となった。磯部浅一と同期であり、当時の陸士校長は真崎甚三郎大将であった。

一九二九年（昭和四）に中尉、三四年に大尉に昇進。三五年一月から歩兵第三連隊第六中隊長となった。

安藤輝三

安藤は早くから革新青年将校の指導者的立場にあったが、決行を決意したのは一番遅かった。容易に決意を固めない安藤に対して、急進強硬派の磯部たちはあからさまになじったという。その間、安藤は悩みに悩んでいた。

決行の時期、方法などに加えて安藤が一番悩んだのは、自分の部下である下士官や兵のことであった。下士官、兵は安藤の私兵ではなく、まぎれもなく天皇の赤子《せきし》である。それを、たとえ国のためとはいえ、勝手に使う責任は大きい。安藤以外の青年将校たちも部下の兵を動員したが、安藤ほど真剣に兵のことを考えた者はいない。安藤は決起の成否にかかわらず、責任を取って死ぬ覚悟を固めていたのだ。

最後まで決行を迷っていた安藤だったが、実際に事件が起きると、もっとも強硬となった。決起が失敗した後、兵を軍隊に帰すことに一番強く抵抗したのは安藤であったのだ。安藤は下士官、兵に帰隊命令を出した後、拳銃自殺を図る。しかし、銃弾は急所をはずれ死には至らなかった。

栗原安秀

栗原安秀《くりはらやすひで》中尉は決起将校中もっとも急進的だった人物である。口を開くと「おれはやる。必ずやる」と言っていたので、「ヤルヤル中尉」とアダナされた。

栗原は、一九〇八年（明治四十一）島根県松江市に生まれた。目黒区の駒場に育ち、名教中学から陸軍士官学校に入った。

栗原安秀

偶然にも事件後、青年将校が収容された陸軍刑務所の所長塚本定吉氏は、栗原の出身校である名教中学のそばに住んでいたことがあった。塚本氏は次のように記している。

「私は昭和三年頃、代々木富ヶ谷の一四九八番に住んでいた。栗原はすぐ近くの名教中学を出て、陸士へ入ったばかりであったと思う。学校でも相当変わっていたらしく、評判が残っていて『栗原という生徒は雄弁で情熱家で学生のくせに、国家改造など口走っている。運動会のときなどには先棒切って働く世話やき者で、駆け回っていながら父兄席など覗いて、『冗談も飛ばすような面白い生徒だった。学業の成績もよいと見えて四年で士官学校へ入ったそうだ』などの評判があった」

陸軍士官学校の卒業（四一期）は一九二九年。少尉任官と同時に歩兵第一連隊付となった。同期に中橋基明、対馬勝雄がいる。

事件では岡田啓介《おかだけいすけ》首相官邸襲撃を指揮した。

竹嶌継夫

対馬とともに豊橋から参加した竹嶌継夫《たけしまつぎお》は、一九〇七年（明治四十）東京四谷に生まれた。一九二八年（昭和三）、陸軍士官学校（四〇期）を首席・恩賜賞で卒業。士官学校では河野大尉と同期。

少尉任官とともに若松歩兵第二九連隊付。一九三一年、満州において中尉に昇進。三四年から豊橋教導学校歩兵隊付になる。

豊橋教導学校は歩、騎、砲の三兵科の下士官養成学校である。当初、竹嶌は対馬とともにこの教導学校の下士官兵約一二〇人で、興津の西園寺公望を襲撃する予定だった。しかし、計画は前日の二十五日に中止となり、急遽東京の同志と合流することになる。

竹嶌継夫

豊橋教導学校での同志だった井上辰雄中尉は竹嶌の人柄を次のように記している。

「悠々迫らぬ如き中に激しい実行力がある。思想的には禅味を帯び、他面純情型な、物の思考をする人であった」

東京で本隊に合流した竹嶌は、栗原部隊とともに総理大臣官邸を襲撃した。

事件後、獄中手記に「あてにもならぬ人の口を信じ、どうにもならぬ世の中で飛び出して見たのは愚かであった」と記した。

中橋基明

中橋《なかはし》基明《もとあき》中尉はハンサムでお洒落だった。たとえば、将校マントの裏地を総緋色にし、敬礼のたびに裾がひるがえって裏地の赤がちらりと見えた。また当時、料亭で騒ぐ将校が多いなか、中橋だけはダンスホールに通った。

中橋は一九〇七年（明治四十）佐賀県で生まれた。一九二九年（昭和四）に陸軍士官学校（四一

中橋基明

期）を卒業し、少尉任官とともに近衛歩兵第三連隊付となる。栗原安秀と同期であった。

一九三四年春、中橋は埼玉青年挺身隊事件に栗原とともに関連し、豊橋連隊に転属となり満州へ飛ばされた。しかし、三五年十二月、再び近衛歩兵第三連隊付となった。当時、近歩三《きんぽさん》は第七中隊長であった井上勝彦《いのうえかつひこ》大尉が陸大に入学したため、中隊長のポストがぽっかりあいていた。タイミングよく中橋はその後任として中隊長代理となった。

事件後、陸軍刑務所に入ってからの中橋は、獄中で何十首も和歌を作った。

「そんな素質はないと思っていた父などは、うまいのにおどろいて、精神を統一するとこうまでになるものかといい、基明は三十歳で一生ぶんを生きた、といっていた」と弟の中橋武明氏は語っている。

丹生誠忠

丹生誠忠《にうよしただ》は一九〇八年（明治四十一）鹿児島県に生まれた。一九三一年（昭和六）、陸軍士官学校卒業（四三期）。

少尉任官後、歩兵第一連隊付となり、一九三四年三月中尉に進級した。当時第一一中隊には中隊長が欠員で、丹生が中隊長代理をつとめていた。初年兵だった鹿倉貞助氏は丹生の印象を次のように記している。

丹生誠忠

「なかなかの好男子で頭はよく温厚で私的制裁をきらう性格だったので、初年兵には特に信望があった。しかも兵隊を大事にしたことは全員の認めるところで、いつしか隊長を中心とした固い団結ができ上がっていったものと思う」（『二・二六事件と郷士兵』）

事件後、憲兵調書による供述では、栗原の影響を次のように語っている。

「見習士官トシテ歩兵第一連隊ニ参リマシタ時カラ栗原

中尉ノ指導ヲ受ケテ居リマシタガ、当時其ノ思想ハ良イモノヤラ悪イモノヤラ見当ガ付キマセンデシタ。五月事件後、殊ニ相沢中佐事件ノ公判ガ開カレテカラ深ク其ノ思想ニ共鳴スル様ニナリ、現在ノ日本ヲ救フニハ昭和維新断行ヨリ他ニナイト想フ様ニナッタノデアリマス」
丹生は岡田首相と親戚関係にあった。そのため決行を知らされるのは前日の二月二十五日、さらに岡田首相襲撃隊からも外されている。

坂井 直

坂井直《さかいなおし》は、一九一〇年(明治四十三)三重県で生まれた。陸軍士官学校は第四四期生で、少尉任官とともに歩兵第三連隊付になる。

歩兵第三連隊には安藤輝三大尉がおり、坂井は安藤の影響をもっとも受けた人間である。加えて、士官候補生時代、中隊の区隊長だったのが村中孝次であり、思想的影響を受けるバックボーンは揃っていたといえる。

歩三には一時期、秩父宮殿下が勤務していたことがあり、以後も秩父宮は安藤大尉と交流があった。その連絡係をつとめたのが坂井である。

「秩父宮殿下、歩三におられし当時、国家改造法案もよく御研究になり、改造に関しては良く理解せられ、このたび蹶起せる坂井中尉に対しては御殿において『蹶起の際は一中隊を引率して迎えに来い』と仰せられしなり」（中橋基明中尉の獄中手記）

この坂井が半月前に結婚した妻・孝子を思いやって次のような遺書を残した。

「死がやってまいりました。孝子の腹巻きに御守りが這入って居ります。宏大無辺の即仏の御慈悲に浸り、唯忠を念じて瞑目致します。前途を祝福してください。天皇

坂井　直

陛下万歳」

田中　勝

田中勝《たなかまさる》は、一九一一年（明治四十四）山口県下関で生まれた。豊浦中学、熊本陸軍幼年学校を経て、陸軍士官学校を卒業（四五期）。砲兵少尉任官とともに、市川野戦重砲兵第七連隊付となる。同連隊には河野寿もいたことがあり、また、磯部浅一が同じ山口県出身だった。この決起将校の中でもとりわけ過激な二人からの影響は絶大で、磯部、河野そして田中の三人だけで決行す

る計画まで練っていたという。

事件では輸送を担当し新聞社襲撃に参加した。野戦重砲兵連隊には車輌が多いので、連隊のトラック、乗用車、サイドカーを同志に提供しその輸送にあたったのである。

刑死後に男児が生まれ、田中の遺書どおり孝と命名された。田中勝が結婚したのは、事件の二カ月前。田中は早くから決行計画に名を連ねていた一人である。もし、二カ月先に決行することがわかっていたら、この時期に新しい家庭を持とうと思わなかったかもしれない。それだけ、決行計画の具体化が急速に進んだことがわかる。

田中　勝

中島莞爾

中島莞爾《なかじまかんじ》は、一九一二年（大正元）佐賀県に生まれた。熊本陸軍幼年学校時代から成績抜群で前途を期待された謹厳な青年将校だったという。

一九三四年（昭和九）に陸軍士官学校を卒業（四六期）。同期に安田優、高橋太郎がいた。少尉任官とともに津田沼の鉄道第二連隊付となり、一九三五年七月、陸軍砲工学校に入学、在学中に事件となった。

　中島は士官学校同期の安田、高橋とは異なり、誰かに影響されて改革の思想を持ったわけではない。吉田松蔭を信奉することによって、自然と維新思想が芽生えていた。

中島莞爾

　それが、士官学校で同期だった安田と文通をしてみると、安田が同じ思想を持っていることがわかった。安田を通して磯部を知り、士官学校時代の区隊長だった村中、栗原も同じ信念を持っているということがわかる。しかし、他の同志とは親しくはなかった。
「他ニハ同志デアルト云ツテ特ニ交際シタモノハアリマセンシ、又、求メテ実行ノ実ヲ揚グル為ニ同志ヲ求ムル必要モ無ク、必然的ニ此ノ信念ヲ持ツテ行ケバ同志ハ期セズシテ一致スルト云フ時ニ達シ、何時カハ実行ノ実ヲ挙ゲラル、モノダト考ヘテ居リマシタ」（憲兵調書）
　兵を持たない中島は中橋部隊につけられ、高橋蔵相襲撃と首相官邸占拠の指揮者となった。

安田　優

安田《やすだ》優《ゆたか》少尉は一九一二年（明治四十五）熊本生まれ。一九三四年（昭和九）陸軍士官学校を卒業（四六期）。高橋太郎、中島莞爾と同期である。少尉任官後、野砲兵第七連隊付となり、第七師団の先発隊に加わって満州に渡る。一九三五年に帰還し、陸軍砲工学校に入学、事件当時は在学中だった。

安田　優

士官学校時代の区隊長が村中だったこともあり、皇道精神、革新思想の影響を大きく受けた。

この安田には処刑の朝書いた「宣言」ということばから始まる遺書があり、死してなお天誅を加えるべき人物と、担当者を次のようにずらりと並べている。

西園寺公望を安田優・相沢三郎／一木喜徳郎を村中孝次／寺内寿一を丹生誠忠・安田優／牧野伸顕を水上源一／梅津美治郎を高橋太郎／南次郎を中橋基明／石原莞爾を坂井直・香田清貞／湯浅倉平を対馬勝雄／宇垣一成を竹嶌継夫／現閣僚（全）を安藤輝三／石本寅三を田中勝

／植田謙吉を林八郎／片倉衷を磯部浅一／軍法務官（全）（但除藤井法務官）を右同／林銑十郎を中島莞爾／荒木、真崎、山下、石原を渋川善助
「右天神祇の加護を仰ぎ、吾人全力を効して是を必ず遂行せむとす」

高橋太郎

高橋太郎《たかはしたろう》は一九一三年（大正二）石川県金沢市で生まれた。一九三四年（昭和九）に陸軍士官学校を卒業し（四六期）、少尉任官とともに歩三に配属され、事件時は連隊旗手をつとめていた。

高橋太郎

第一中隊で高橋は初年兵教育係だった。大隊副官代理で大隊本部にいる時間が多かった坂井直に代わって、高橋が中隊長代理の精神訓話を受け持つことがほとんどだったという。

高橋の獄中手記に次のような一節がある。

「『姉は……』ぽつりぽつり家庭の事情について物語って居た彼は、此処ではたと口をつぐんだ、そしてちらっと自分の顔を見上げたが、直に伏せてしまった、見上げ

たとき彼の目には一ぱい涙がたまって居た、固く膝の上に握られた両こぶしの上には、二つ三つの涙が光って居る。

もうよい、これ以上聞く必要はない、暗然拱手歎息、初年兵身上調査に繰返される情景。世俗と断った台上五年の武窓生活、この純情そのものの青年に、実社会の荒波は、余りに深刻だった。（中略）食ふや食はずの家族を後に、国防の第一線に命を致すつはもの、その心中は如何ばかりか、この心情に泣く人幾人かある、この人々に注ぐ涙があったならば、国家の現状をこのままにしては置けない筈だ、殊に為政の重職に立つ人は」

初年兵たちの家庭の事情を深く知るようになるにつれ、その正義感も爆発寸前だったのではないだろうか。

林 八郎

事件の当時二十一歳だった林八郎《はやしはちろう》少尉は、青年将校の中でも最年少だった。一九一四年（大正三）生まれ、事件の前年一九三五年（昭和十）に陸軍士官学校を卒業（四七期）したばかりだった。父親は上海事変で戦死し軍神とまでいわれた林大八少将である。

しかし、林は筋金入りの急進派である。

林　八郎

林は陸軍幼年学校に入る前にあずけられた伯父から忠君愛国をたたき込まれた。

さらに陸軍幼年学校三年の時、一高生だった兄が青年共産同盟に関係して退校になる。林はこの兄からさまざまな話を聞いていたという。

国家改造には猛烈な関心を持っていた林だが、武力による決起という考えは歩兵第一連隊に配属されるまでは持っていなかった。

歩一では栗原中尉のいる機関銃隊に配属される。そこで、直接行動を真剣に考えている栗原と行動をともにすることを決意するのである。

「（栗原中尉とは）多少ノ意見ノ相違ハアツテモ、目的トスル所ハ一ツデアルカラ、栗原中尉ト行動ヲ共ニスル決心ヲシテ今回ノ挙ニ及ンダ訳デス」（憲兵調書）

事件ではその栗原とともに総理大臣官邸を襲撃した。

林の獄中での手記には、一時は成功と思われたことから始まって、決起の失敗した点を種々検討し、今後維新を行うにあたっての忠告といえる条項を記してある。その中に、「老人連は腰抜けなり。とても自ら進んで難局に立たんとする者などなし。……中央部に蟠居する幕僚は自家中心権力至上主義の権化なり」という文言が見える。

そして決起が失敗したことによって、「結末は吾人等を踏台に蹂躙して幕僚ファッショ時代現出するなるべし」と予想した。

すなわち、「あらゆる権謀術策を、陛下の御名によって弄し、純忠無私、熱誠殉国の志士を虐殺す、国体を汚辱すること甚し。御聖徳を傷け奉ること甚しい哉」と。

遺書の最後の条は、母への遺詠で、

「御心をやすむる時もなかりしが
　君に捧げし此身なりせば」

というものであった。

水上源一

水上源一《みずかみげんいち》は北海道の農家に生まれた。函館商船学校、日本大学を卒業し、弁理士となった。青年将校との交流は、栗原中尉や渋川善助などで、救国埼玉青年挺身隊事件に関係したのも、栗原との関係からであった。

決起でも栗原中尉が誘い、歩兵第一連隊に赴いてから、湯河原「伊藤屋旅館」に牧野伸顕伯爵を襲撃する河野隊に馳せ参じている。指揮官の河野が負傷したあと、同襲撃の指揮をとったとい

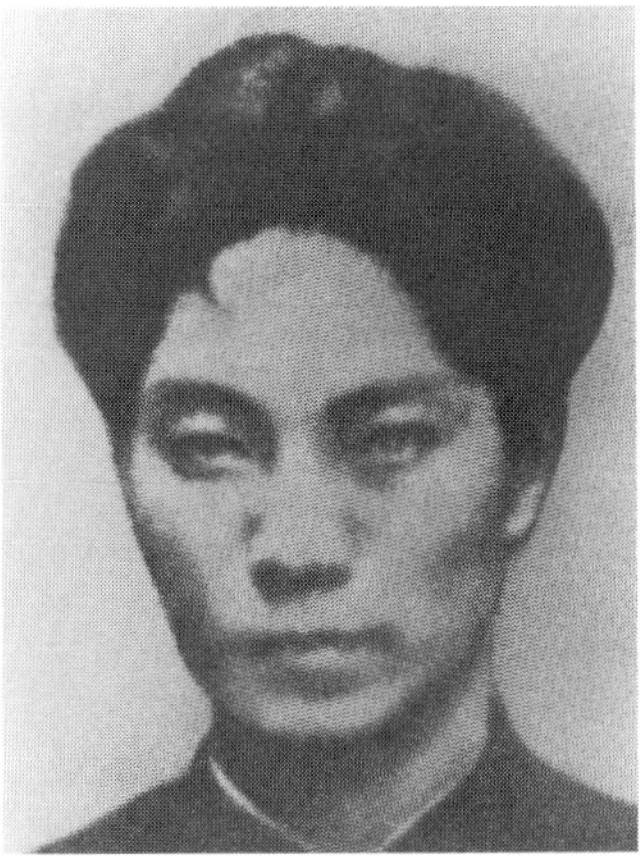
水上源一

われるが、民間人の立場を考えれば大きな疑問が残るといわれている。

残された遺書は身内に対する惜別の辞だが、そのなかでも妻・初子にあてた次の文面は、水上の思想を垣間見せている。

内容から察するに、将来に対する不安に答えたものになっている。

「汝の申すは尤もなれど宜子〔娘〔引用者〕〕の子供に男子ならば我が意志を継がせられよ。此の維新は国内のみならず、全世界をするにあり。数代かゝるを心得よ。故に汝の生存は無意義にあらず。御国の為世界人類の為に強く生きよ」

〈編著者紹介〉
太平洋戦争研究会（たいへいようせんそうけんきゅうかい）
日中戦争や太平洋戦争の取材・調査・執筆グループ。河出書房新社の図説シリーズ「ふくろう本」で『太平洋戦争』『満州帝国』『日露戦争』『日中戦争』『占領下の日本』などを、ＰＨＰ文庫で『太平洋戦争がよくわかる本』『日本海軍がよくわかる事典』『日本陸軍がよくわかる事典』『太平洋戦争・主要戦闘事典』『東京裁判がよくわかる本』『第２次世界大戦がよくわかる本』『「大日本帝国」がよくわかる本』など、著書多数。

装丁・本文写真――近現代フォトライブラリー

2・26事件の衝撃

2010年２月26日　第１版第１刷発行

編著者　太平洋戦争研究会
発行者　安藤卓
発行所　株式会社ＰＨＰ研究所
東京本部 〒102-8331 千代田区一番町21
文芸出版部 ☎03-3239-6256（編集）
普及一部 ☎03-3239-6233（販売）
京都本部 〒601-8411 京都市南区西九条北ノ内町11

PHP INTERFACE http://www.php.co.jp/

印刷所　株式会社精興社
製本所　株式会社大進堂

ISBN978-4-569-77640-8

PHPの本

石原莞爾と満州事変

太平洋戦争研究会　編著

戦略を立案した石原莞爾の真の目的とは？
それと裏腹に現実は動いていった！

定価一、四七〇円
（本体一、四〇〇円）
税五％

PHPの本

真珠湾攻撃の真実

太平洋戦争研究会 編著

「ワレ奇襲ニ成功セリ」。日米開戦のドラマのすべてがわかる詳細な解説・論考と貴重な証言！

定価一、四七〇円
（本体一、四〇〇円）
税五％

PHPの本

悲劇の戦艦　大和と武蔵

太平洋戦争研究会　編著

大戦艦から航空母艦へ。海軍の主力兵器の転換期に建造された歴史を飾る2隻の巨艦を待ち受けていた運命とは？

定価一、四七〇円
（本体一、四〇〇円）
税五％